KB070529

인공지능, 마음을 묻다

인공지능, 마음을 묻다

김선희 지음

인공지능의 미래를
탐색하는 7가지
철학 수업

한겨레출판

서문

인공지능^{Artificial Intelligence, AI}은 어느덧 우리 삶의 한가운데로 들어왔습니다. 첨단과학과 기술의 영역만이 아니라 전자통신, 금융과 산업, 의료, 법률, 도서관, 가전제품, 포털 뉴스 배열에 이르기까지 실생활 곳곳에서 활용되고 있습니다. 동시에 인공지능은 이미 일상의 여러 영역에서 사람을 대신하여 의사결정을 내리고 있습니다. 사회 전반에 걸쳐 이런 현상은 확산될 것이며, 인공지능을 배제하곤 사회가 제대로 돌아가기 어려울 것입니다. 우리가 의식하지 못하는 사이에 인공지능은 우리 삶에 자연스럽게 스며들고 있습니다.

동시에 우리는 인공지능의 활동에 대한 기사를 빈번하게 접하고 있습니다. 전문 영역의 일을 담당하는 인공지능 의사·판사·과학자·상담사 등을 비롯하여, 최근에는 죽은 아내가 인공지능으로 부활하여 대화를 나누거나, 인공지능 화가가 렘브란트 초상화를 그리거나, 인공지능 가수가 작고한 가수의 노래를 학습하여 죽은 가수가 되살아 온 느낌을 전달한다는 내용의 기사들이 매스컴을 장식하고 있습니다. 인공지능의 활약은 팬데믹 상황에서도 예외가 아니지요. 알파고를 개발한 구글 딥마인드의 인공지능 알파폴드는 딥러닝 기계학습으로 3차원 단백질 구조('단백질 접힘') 예측에 성공했습니다. 또한 코로나19 바이러스의 일부 단백질 구조 예측은 백신과 치료제 개발에 단서를 제공했습니다. 코비드19 상황에서 2년도 채 안 되는 빠른 시간 안에 백신을 개발할 수 있었던 것도 인공지능 덕분이지요.*

관심도 없던 일반인에게 인공지능을 각인시킨 것은 2016년 3월 바둑계 최고수로 인정받는 이세돌 9단이 인공지능 알파고에게 대패한 사건이었습니다. 전 세계인의 시선이 알파고와 이세돌의 대국에 쏠렸고, 인공지능이 바둑의 최고수 인간을 4 대 1로 이긴 것을 두고 세계의 모든 매스컴이 '충격적' 사건으로 보도했습니다. 세기의 대국에서 인공지능이 이세돌을 압도하는 장면을 보며 사람들은 경악했습니다. 전문가들조차 딥러닝을 통한, 인공지능의 상상을 초월하는 능력에 놀라움과 더불어 인

---

* Will Douglas Heaven, "DeepMind's protein-folding AI has solved a 50-year-old grand challenge of biology", *MIT Technology Review*, November 30, 2020.

인공지능, 마음을 묻다

류의 미래에 대한 암울한 전망을 쏟아냈지요. 이후 알파고는 더 진화하고 있으며, 앞으로 알파고를 이길 수 있는 인간은 없을 것입니다. 아마도 이세돌이 알파고를 단 한번이라도 이긴 유일한 인간으로 기록될 것입니다.

나는 이 사건을 보며 두 가지 의문이 들었습니다. 첫째, 알파고 사건은 진정 충격적 사건인가? 둘째, 알파고 사건에 대한 사람들의 우려와 두려움의 근거는 무엇인가? 이에 대한 나의 답변은 이렇습니다. '인공지능 알파고가 이세돌을 이겼다는 사실은 충격적인 것도 우려할 만한 일도 아니다. 진짜 우려할 것은 다른 데 있다.' 이 점은 차차 설명해나갈 것이며, 이것이 이 책을 쓰는 목표 중 하나입니다.

첫 번째 의문에 대한 나의 생각은, 많은 사람들의 반응과 달리 알파고 사건은 충격이 아니라 예견된 사건이자 당연한 결과였다는 것입니다. 세계의 모든 사람이, 심지어 과학자들도 충격을 받았다고 대서특필했지만, 솔직히 고백하면 나는 전혀 놀랍지 않았습니다. 이미 오래전인 1997년에 아이비엠IBM의 인공지능 딥블루가 세계체스챔피언을 이겼을 때 이세돌의 패배는 예정된 것이었습니다. 다만 시간이 조금 걸렸을 뿐이지요. 체스와 바둑의 특징적 차이는 여러 가지가 있지만 인공지능의 차원에서는 수를 읽는 연산의 복잡성 외에는 특별한 차이가 없습니다. 큰 틀에서 보면 체스든 바둑이든 인공지능이 지적인 과제를 수행하는 방법은 같습니다. 인공지능이 생각하는 방법, 추론하는 방법, 수를 읽는 방법, 학습하는 방법 등은 사실상 기본적으로 동일합니다. 기계학습의 종류가 다양하다고 할지라도 설정하는 조건들이 다를 뿐, 인공지능이 작동하는 기본 원리는 같다고 볼 수 있죠. 이 간단한 사실만 이해하더라도 알파고 사건은 전혀 놀랍지 않다는 걸 알 수 있습니다. 이 사건이 충격적이라는 보도는 과장된 것이거나 무지에서 비롯된 것입니다.

바둑은 기계가 범접할 수 없는 인간 지성의 영역이라고 생각되었지만 사실상 바둑이야말로 주어진 규칙 안에서 움직이는 연산적인 특성이 강한 게임으로 인공지능이 계산능력을 발휘하기에 적합한 종류의 과제입니다. 기계학습을 이해한다면 인공지능이 인간을 이긴 것이 놀랍다기보다는 사람보다 월등한 연산능력과 추리력 그리고 학습능력을 가진 인공지능이 (즉 이미 어느 수준에 오른 에이아이가) 한 번이지만 인간에게 패배한 것이 더 의아하다고 볼 수 있지요.

이처럼 알파고 사건은 충격적이라기보다는 충분히 예견할 수 있는 결과였다고 생각합니다. 이 책에서 그 이유를 설명하고자 합니다. 인공지능의 원리를 토대로, 기계가 사고하고 사물을 인지하는 방법, 주어진 과제에 접근하고 해결하는 방법, 스스로 학습하는 방법을 이해한다면 미래에 인공지능이 할 수 있는 지적인 과제들을 올바로 예견할 수 있을 것입니다.

인공지능, 마음을 묻다

두 번째 의문은 인공지능의 미래에 대한 암울한 전망 내지 두려움에 대한 것입니다. 인공지능에 대한 우려와 두려움의 근거는 무엇인가요? 알파고 사건에서 사람들이 느낀 두려움의 정체는 무엇이며 정확히 어떤 근거에서 비롯된 것인가요? 사람들의 충격적인 반응을 보면 인공지능과 인간의 대결에서 인간의 패배를 선언한 것으로 받아들인 듯합니다. 하지만 바둑은 특수한 영역의 하나일 뿐, 인공지능과 인간의 지적인 대결을 대표하진 않습니다. 즉 알파고 사건은 인공지능과 인간의 일반적인 지능의 대결이 아닙니다. 그러면 인간처럼 일반지능을 갖춘 기계가 앞으로 출현하게 될까요? 이는 인공지능과의 관계에서 인류의 미래를 바꿀 수 있는 중요한 문제이며 이 주제도 여기서 다룰 예정입니다. 다만 우리가 막연한 상상과 추측 속에서 미래를 두려워하는 것은 별 도움이 되지 않습니다. 정확한 이해를 토대로 미래의 인공지능 사건들을 예견하는 것이 중요합니다. 올바로 예견해야 올바로 대비할 수 있기 때문이지요. 이 책에서는 인공지능에 대해 기대할 수 있는 것과 경계해야 하는 것이 정확히 무엇인지 다룰 것입니다.

이 책은 반드시 필요한 최소한의 개념만을 사용하여 인공지능의 원리를 이해하기 쉽게 풀어내는 것을 목표로 했습니다. 다양한 분야에서 인공지능의 지적 활동이 어떤 원리와 방법으로 이루어지는지, 복잡하고 어려운 공학과 수학의 언어를 빌리지 않고도 중요한 기본 개념을 토대로 일반인들이 쉽게 접근하고 충분히 이해할 수 있도록 기술하고자 했습니다. 여기서 인공지능의 원리를 설명하기 위해 사용한 주요 개념과 원리들은 인지과학과 인공지능 철학 그리고 심리철학에서 도입한 것입니다. 튜링 테스트Turing Test, 기능주의, 기능적 마음과 현상적 의식, 기능적 환원주의, 인공지능에 대한 합리적 성찰을 돕는 몇 가지 사고실험* 등입니다.

인공지능이라는 주제를 탐구하는 철학자로서 나는 '인공지능은 사고할 수 있는가?'라는 기본적 물음 자체도 '사고란 무엇이며, 마음이란 무엇인가? 마음은 신체나 두뇌 같은 물리적 구조와 어떤 관계를 갖는가?'라는 철학적 물음과 근본적으로 연관되어 있다는 것을 알고 있습니다. 그리고 이 물음은 '마음이 두뇌의 물리적 구조에서 구현된다면, 그것은 전자적 구조에서도 구현될 수 있는가?' 하는 질문으로 이어질 수 있겠지요. 그렇다면 인간의 지능이나 마음을 모방하는 인공지능의 지적 역할을 설명하는 데는 경험과학만으로는 불충분하며 철학적 문제를 피해갈 수 없습니다. 설득력 있는 철학적 개념과 원리도 필

---

* 사고실험은 가정적 상황을 설정하여 머릿속에서 상상해봄으로써 우리의 직관에 부합하는 이론이나 개념을 도출하는 실험입니다. 과학자들이 경험적 관찰을 통해 실험한다면 철학자들은 사고를 통해 실험하는 셈입니다.

인공지능, 마음을 묻다

요하다는 것이지요. 그리고 어떤 철학적 관점이나 이론을 선택해야 한다면, 현대 물리학의 기본 법칙이나 잘 정착된 과학이론에 일관적으로 부합하는 이론을 선택하는 것이 최선의 설명력을 가질 것입니다.

　그러면 인간의 지능을 모방하는 인공지능의 가능성과 한계는 무엇일까요? 혹은 인공지능이 모방하거나 구현할 수 있는 인간의 지적 영역은 무엇일까요? 나는 기본적인 물리학의 법칙과 인공지능의 원리 그리고 몇 가지 기본 개념을 토대로 인공지능이 구현 가능한 지적 과제의 영역이 무엇인지를 논의할 것입니다. 즉 인간 지성의 대표적인 영역들로 사고와 직관, 감정과 공감, 의식, 생명, 개성, 예술과 문화, 사랑, 젠더와 편견, 기계학습, 공정성과 신뢰 문제 등의 주제에 대해 인공지능은 어떻게 사고하고 어떻게 인간의 지적 과제를 수행하는지 살펴볼 예정입니다.

　구체적으로, 이 책에서 본격적으로 다룰 주제들은 다음과 같습니다. 인공지능은 사고할 수 있는가? 계산과 추론만이 아니라 연상과 직관을 포함한 범위에서도 생각한다고 말할 수 있는가? 기계는 감정을 느낄 수 있는가? 공감할 수 있는가? 즉 기계는 인간처럼 사고하고 느끼는 마음을 가질 수 있는가? 인공지능은 공감하며 상담할 수 있을까? 인공지능은 생명과 개성을 가질 수 있는가? 인공지능 로봇이 고유한 경험을 할 수 있는 조건은 무엇인가? 인공지능이 예술을 감상하고 즐길 수 있을까? 로봇은 놀이를 할 수 있을까? 우리는 인공지능과 사랑할 수 있을까? 죽은 연인을 인공지능으로 복원할 수 있을까? 인공지능은 젠더 정체성을 가질 수 있을까? 인공지능 학습이란 무엇인가? 인공지능의 의사결정은 공정한가? 우리는 인공지능을 믿을 수 있을까? 나아가 인간처럼 모든 영역의 지능을 구현하는 '인간형 인공지능(즉 일반인공지능)'이 출현할 경우 우리는 이를 믿을 수 있을까? 등의 문제를 중심으로 다룰 것입니다.

이런 문제들은 공학의 원리만으로는 해명할 수 없습니다. 그렇다고 인공지능의 사고와 작동 원리에 대한 이해 없이 막연한 추측과 상상만으로 접근할 수도 없습니다. 나는 이 두 가지 접근법의 한계나 문제를 해소하기 위해 적절한 절충 지점을 찾는 긴장을 지속적으로 유지하고자 했습니다. 인공지능의 기본 원리를 토대로 인문학적 주제를 깊이 성찰할 기회를 마련했다는 것이 이 책의 특징이자 장점이라고 할 수 있습니다.

이 책이 출간되기까지 여러 사람의 도움과 배려가 있었습니다. 먼저 이 책을 처음 기획하고 제안해주신 한겨레출판사 정진항 본부장님께 감사드립니다. 내가 오랫동안 관심을 가진 주제였으나 그분의 권유가 있었기에 집필을 시작할 수 있었습니다.

그리고 이 책의 편집을 맡아 원고를 꼼꼼하게 읽고 쉬운 문체로 독자들에게 다가갈 수 있도록 지속적으로 소통하며 도와주신 권순범 과장님께 감사드립니다. 몇 학기째 컴퓨터와 인간의 마음을 비교하는 인공지능 철학 강의에 흥미를 가지고 참여했던 이화여대 학생들에게도 감사를 전합니다. 마지막으로 팬데믹 상황에서 오랜 기간 집에서 온라인 강의를 하고 원고를 쓰는 동안에도 필요한 공간을 내어주고 아낌없이 지지해준 남편 송주원 님과 딸 수빈에게 진심으로 사랑과 감사의 마음을 전합니다.

2021년 여름
아차산이 보이는 거실에서
김선희

차례

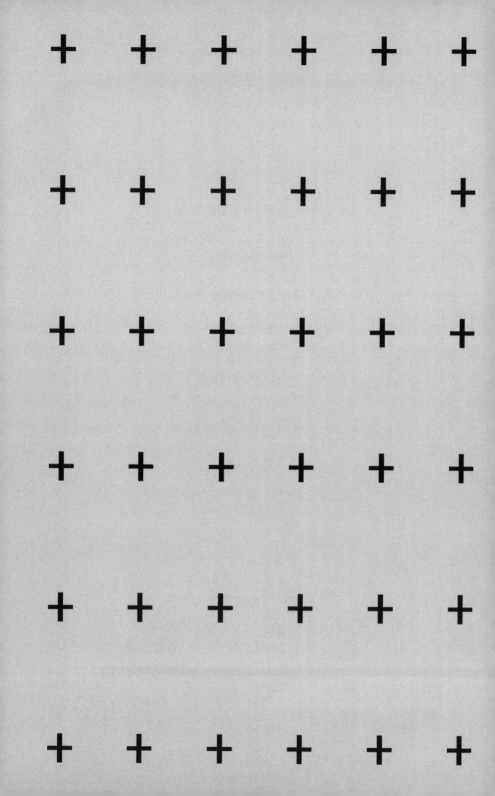

1장

인공지능은
우리를 속일 수
있는가

일러두기

인공지능은 인간의 사고와 행동을 모방하도록 프로그램된 디지털컴퓨터나 로봇의 지능을 말합니다. 즉 인공지능은 기계나 컴퓨터 시스템에 의한 인간지능의 시뮬레이션 혹은 인간지능을 모방하여 프로그램된 지적인 인공 시스템입니다. 따라서 인공지능이라는 것은 인공지능 자체만이 아니라 인공지능의 작동 원리(알고리즘)를 구현하는 컴퓨터, 기계, 로봇 등의 인공 시스템을 총칭하며 모두 대체 가능한 용어로 간주합니다. 즉 에이아이AI, 컴퓨터, 계산기계, 기계, 로봇, 프로그램, 알고리즘, 인공지능 기계, 인공지능 컴퓨터, 인공지능 로봇 등은 모두 인공지능을 가리키는 용어들로, 맥락에 따라 적절한 용어를 선택하여 사용할 것입니다.

생각하는 기계

인공지능 철학의 첫 번째 주제로, 우리는 생각하는 기계의 가능성에서 시작하려고 합니다. 기계는 사고할 수 있을까요? 좀 더 구체적으로 말하자면 인간의 지능을 모방하여 적절히 프로그램된 컴퓨터는 인간의 사고능력을 지닐 수 있을까요? 그런데 인공지능이 인간처럼 사고력을 지녔는지는 어떻게 판단할 수 있을까요? 그 판단 기준은 무엇이며 어떻게 접근해야 할까요? 이 물음에 답하기 위해 어디에서 실마리를 찾아야 할까요? 이 문제를 해결할 방법을 제시한 사람은 영국의 논리학자이자 컴퓨터의 아버지라 불리는 앨런 튜링Alan Turing입니다.

여기 한 사람이 있습니다. 우리는 그 사람이 우리처럼 생각을 하고 마음을 가졌다는 것을 어떻게 알 수 있을까요? 내가 내 마음을 알듯이 그 사람의 마음을 직접 들여다볼 수는 없습니다. 그렇다면 그 사람이 마음을 가진 우리와 같은지 관찰하는 수밖에 없습니다. 그 사람이 우리처럼 질문에 적절한 답변을 하고 상황에 맞게 대응하는 것을 보면서 그가 우리와 같이 마음을 가진 지적인 존재라는 것을 알게 됩니다. 구체적인 예를 들어보지요. 나는 내 앞에 책상이 있다는 것을 믿습니다. 이런 믿음은 나에게 특정한 행동을 유발합니다. 책상과 부딪히지 않도록 돌아

가거나 책상 위에 책과 노트를 올려놓는 등의 행위를 하게 하
죠. 그런데 다른 사람이 '그 앞에 책상이 있다'고 믿는 것을 우
리는 어떻게 알 수 있을까요? 마찬가지로 그 사람이 책상을 돌
아 문 쪽으로 걸어가거나 책상 위에 노트를 올려놓고 글을 쓰는
등의 행위를 하는 것을 보면서 그의 믿음 상태를 알 수 있습니
다.

　이제 여기에 인공지능 기계가 있다고 해봅시다. 이 기계가 사
고할 수 있는지 어떻게 알 수 있을까요? 기계의 경우에도 우리
처럼 적절하게 반응하고 말하며 행동하는지를 관찰하는 수밖
에 없습니다. 즉 기계나 로봇이 우리가 책상을 대하는 것과 동
일한 방식으로 반응하고 행동한다면 기계도 그 앞에 책상이 놓
여 있음을 인지한다고 볼 수 있습니다. 이같이 마음과 지능을
가진 인간처럼 기계도 그 역할을 적절하게 잘 할 수 있는지, 인
간의 수준만큼 지적인 작업을 잘 할 수 있는지를 관찰함으로써
기계의 사고능력을 평가하는 것입니다. 이것이 바로 기계의 사
고 가능성을 시험하기 위해 튜링이 시도했던 방식입니다. 그 유
명한 튜링 테스트가 나오게 된 사고의 배경입니다.

튜링 테스트

　튜링은 모방 게임Imitation Game을 통해 인공지능이 인간처럼 생각할 수 있는지를 시험하는 '튜링 테스트'를 고안했습니다. 먼저 모방 게임이 무엇인지 살펴볼까요? 이 게임의 참가자는 세 사람으로 질문자, 여자, 남자입니다. 여자와 남자는 질문자가 볼 수 없도록 다른 방에 격리되어 있습니다. 외관은 지능을 판단하는 데는 방해가 되거나 편견을 만들기 때문입니다. 질문자의 역할은 두 사람에게 일련의 질문을 전송하고 그들의 답변을 보고 나서 남자인지 여자인지를 판별하는 것입니다. 여자는 질문에 사실대로 답변합니다. 남자는 여자를 모방하고 여자인 것처럼 가장하여 답변합니다. 질문자가 자신을 여자로 착각하도록 속이는 것이지요. 이제 질문자의 목표는 두 사람을 대면하지 않은 상태에서 답변만을 보고 누가 여자인지, 누가 남자인지 판단하는 것입니다. 남자가 여자를 잘 모방할수록 질문자는 더 쉽게 속을 것입니다. 남자의 사고능력이 뛰어나다면 그만큼 상대를 속이는 데 성공할 확률이 높아집니다.

　그다음에 튜링은 모방 게임을 변형하여 남자를 컴퓨터 기계로 대체할 것을 제안합니다. 이제 질문자의 역할은 누가 인간이고 누가 인공지능 기계인지 판별하는 것입니다. 모방 게임에는 다양한 버전들이 있지만 단순한 형태는 오직 질문자와 답변자로만 이루어집니다. 이때 질문자의 역할과 목표는 일련의 질문을 통해 답변하는 상대가 인간인지 인간인 척하는 인공지능인지를 판단하는 것입니다. 바로 이 변형된 게임이 '튜링 테스트'입니다.

이 게임에서 인공지능 기계는 인간의 사고와 행동을 적절히 모방하여 질문자가 자신의 상대를 인간으로 생각하게 속이도록 프로그램되어 있습니다. "질문자를 속일 때 기계는 모방 게임 속의 남자만큼 자기 역할을 잘 할 수 있을까요?" 튜링은 이 물음이 "기계는 생각할 수 있는가?"라는 원래의 물음을 대체한다고 생각했습니다.* 인간을 속일 수 있는 능력이 사고할 수 있는 능력과 같다고 본 것입니다.

여기서 튜링은 제안합니다. 만일 인공지능 기계가 모방 게임의 남자만큼 역할을 잘해낸다면, 다시 말해 질문자가 남자를 여자로 착각하는 만큼 인공지능 기계의 답변을 듣고 비슷한 정도로 착각한다면, 즉 기계가 인간만큼 상대를 잘 속인다면 우리는 한 인간에게 부여하는 지적 속성을 기계에도 부여해야 한다는 것입니다. 이 경우 기계는 튜링 테스트를 통과한 것이고 인간의 사고능력 내지 마음을 갖는 것으로 간주해야 합니다.

튜링의 관점에서 보면 질문자가 일련의 질문에 대한 답변을

---

* A. M. Turing(1950), "Computing Machinery and Intelligence," in *THE MIND'S I*, eds., D. R. Hofstadter and D. C. Dennett(New York: Basic Books, 1981), pp.53-68.

인공지능, 마음을 묻다

보고 누가 사람이고 누가 기계인지 구별할 수 없다면 혹은 답변하는 존재가 인간인지 기계인지 구별할 수 없다면 이 인공지능 기계는 튜링 테스트를 통과한 것입니다. 만약 튜링 테스트를 통과하는 인공지능 컴퓨터가 존재한다면 '인공지능은 인간을 속일 수 있다'는 명제가 성립할 것입니다.

이와 같이 튜링은 이 테스트를 통해 적절히 프로그램된 컴퓨터는 인간과 같은 심리 상태, 지능, 사고능력을 갖기에 충분하다고 보았습니다. 다시 말해서 튜링 테스트를 통과한 인공지능 컴퓨터는 사고능력을 가지며 그 자체로 하나의 '마음'이라는 것이지요. 이것이 바로 '강한 인공지능 논제The Strong AI Thesis'입니다. 즉 '튜링 테스트를 통과한 인공지능은 인간의 마음과 동등합니다.'

기능주의

그런데 튜링 테스트를 통과하는 인공지능 기계는 어떤 방식으로 인간을 속이는 걸까요? 인공지능의 속임이나 사고는 구체적으로 어떻게 이루어질까요? 이 물음에 답하기 위해서는 튜링 테스트가 가정하는 마음 모델을 상세히 살펴볼 필요가 있습니다. 인간의 마음을 설명하는 이론들은 무수히 많지만 튜링이 모방 게임에서 생각했던 마음의 모델은 기능주의functionalism입니다. 인공지능이 인간의 지능을 모방하는 방식은 기능주의 모델을 따른 것입니다.

인공지능이 사고하고 지적 과제를 이행하는 방식을 알려면 기능주의를 이해해야 합니다. 기능주의 모델은 기본적으로 인공지능의 모든 행동과 역할들을 이해하거나 설명하는 틀이 되기 때문이지요. 또한 기능주의는 인공지능 컴퓨터의 작동 원리와 잘 부합하며 인간 마음과 컴퓨터를 비교하기에도 적합한 이론입니다.

그러면 기능주의란 무엇이며, 그것은 마음을 어떻게 정의할까요? 그에 따르면 '생각한다', '믿는다', '원한다', '아프다' 등의 심리 상태(마음)는 외부의 물리적인 자극(입력)에 의해 일어나고 특정한 형태의 행동(출력)을 일으키는, 유기체의 내적 상태입니다. 여기서 기능주의는 마음을 정의하기 위해 세 가지 요소를 도입합니다. 첫째 요소는 외부의 물리적 자극으로 입력에 해당합니다. 둘째 요소는 주체의 내적 상태로 입력과 출력 사이에 놓인 중간 단계 내지 중간 과정입니다. 셋째 요소는 언행이나 신체 행동으로 출력에 해당합니다.

기능주의는 이 세 가지 요소의 인과관계를 통해 마음을 정의합니다. 주체 안에서 일어나는 '내적 상태'가 구체적으로 무엇인지는 언급하지 않으면서 '입력→내적 상태→출력'의 인과관계로 마음을 정의하는 것입니다. 일종의 관계적 정의인 셈입니다. 즉 기능주의에 따르면 '마음'이란 물리적 자극(입력)에 의해 야기되고 특정 행동(출력)을 일으키는 내적 상태입니다. 이 정의는 원인과 결과 혹은 입력과 출력 사이의 인과관계만 드러낼 뿐, 이 내적 상태가 무엇인지는 말해주지 않습니다. 즉 내적 상태의 본질은 일절 언급하지 않습니다. 고통을 예로 들어볼게요. 우리는 압정에 찔리면 고통을 느낍니다. 이 경우 기능주의자가 보는 고통이란 압정에 찔림(입력)에 의해 야기되고 신음과 움츠림 등의 고통스러운 행동(출력)을 일으키는 내적 상태입니다. 여기서 고통의 내적 상태가 그 자체로 어떤 느낌인지는 서술하지 않습니다.

누군가는 기능주의가 주체의 내적 상태를 다루지 않는다는 점에서 행동주의와 유사하다고 오해할 수도 있겠습니다. 행동주의는 마음을 행동과 동일시하면서 주체의 내면이 존재하지 않는 것으로 간주합니다. 적어도 내적 상태를 상정하지 않고 마음을 설명하려는 입장입니다. 하지만 행동주의와 달리 기능주의는 내적 상태의 느낌이나 성질 자체에 대해선 서술하지 않지만 그것이 행동을 일으키는 인과력을 갖는다는 것을 인정합니다. 그 내적 상태나 과정이 행동이라는 결과를 출력하는 원인이라는 것입니다. 따라서 그것이 없으면 행동의 출력도 없습니다. 기능주의는 주체의 내면 상태가 인과 질서의 일부로서 존재한다는 입장입니다.

튜링 테스트를 통과한 인공지능 컴퓨터가 인간과 동등한 마음을 가졌다고 말할 때의 마음은 바로 기능주의가 정의하는 마음의 모델에 해당합니다. 마음을 입력과 내적 과정과 출력 사이의 인과관계로 정의하는 기능주의 모델은 키보드를 통해 질문이나 명령을 입력하면 컴퓨터 내부에서 계산 과정을 거쳐 모니터에 결과를 출력하는 컴퓨터 모델과 정확히 대응합니다. 튜링 테스트가 함축하는 인간의 마음과 인공지능 컴퓨터의 유비는 기능주의 마음이론에 기초한 것임을 알 수 있습니다. 기능주의 관점에서 보면 인간의 사고 과정이나 인공지능의 사고 과정은 동등합니다.

예를 들어, '2 더하기 3은 5'를 계산하는 경우를 보죠. '2+3은?'이라는 질문을 키보드로 입력하면 컴퓨터는 시스템 내부의 계산 과정을 거쳐, '5'라는 답변을 출력합니다. 사람은 '2 더하기 3은 무엇인가?'라는 질문을 받으면(입력) 머릿속으로 생각하고 계산하여 '5'라는 답변(출력)을 내놓습니다. 여기서 사람이 질문과 답변이라는 입력과 출력 사이의 중간 단계에서 내적으로 사고하는 과정은 컴퓨터가 입력과 출력 사이의 중간 과정을 계산하는 것과 기능 면에서 차이가 없습니다. 즉 둘은 기능적으로 동등합니다. 그리하여 튜링 테스트를 통과하는 인공지능의 계산 과정은 바로 인간의 내적인 사고 과정과 동등하며, 인간이 사고하는 마음을 갖듯이 인공지능도 사고하는 마음을 갖는다고 말할 수 있습니다.

다음에는 일상에서 일어나는 좀 더 복잡한 예를 들어볼까요? 우리는 외부 환경의 자극이 입력으로 주어질 때 주체 내부의 과정에서도 원인과 결과로 이어지는 일련의 숙고 과정을 거쳐 행위를 하곤 합니다. 입력과 출력 사이의 중간 단계(즉 내부 과정)에서도 심적 사건들의 인과 과정이 진행되는 복잡한 사고를 할 수 있습니다. 이런 경우에도 기능주의 모델이 적용됩니다. 다음의 사례를 생각해보지요. 나는 넘어져서 무릎이 깨져 통증을 느끼면서도 손상된 조직의 상처가 덧나지 않을까 염려하여, 상처를 소독하고 연고를 바릅니다. 이 경우 외부의 물리적 자극(입력)은 무릎에 상처를 내서 조직이 손상된 것이고, 출력으로는 신음하고 움츠리는 등의 괴로워하는 행동과 약을 바르는 행동이 관찰됩니다.

그런데 이 경우 입력과 출력 행동 사이의 중간 단계인 주체의 내부에서는 일련의 사건들로 구성된 인과 과정이 진행됩니다. 상처가 덧날까 하는 염려, 상처가 낫기를 바라는 욕구, 상처가 덧나지 않으려면 소독하고 연고를 발라야 한다는 믿음, 소독약과 연고가 들어 있는 비상약 상자가 안방 서랍에 있다는 생각 등의 숙고와 추론을 거쳐, 나는 안방으로 가서 비상약 상자를 꺼내어 상처를 소독하고 약을 바르는 행위를 합니다. 여기에는 욕구와 믿음 등에 근거하여 행위에 이르는 실천 추론의 과정이 있습니다. 그리고 내부 사건들 사이에 원인과 결과의 과정이 연이어 진행되고 있습니다.

우리가 숙고를 통해 이유를 가지고 의도적인 행위를 하는 대부분의 경우에는 이렇게 중간 단계의 사고 과정에서 염려, 욕구, 믿음, 의도 등의 심적 사건들이 인과적으로 관계하거나 욕구와 믿음 등의 이유가 행위를 일으키는 인과적 역할을 합니다. 그렇다면 기능주의가 마음을 설명하는 '입력→내적 상태(중간 단계)→출력'의 기본 모델은, 복합적인 사고 과정의 경우 내부의 중간 단계에서 진행되는 일련의 사건들 사이의 인과 과정으로까지 확장된다는 것을 알 수 있습니다. 하지만 그것이 아무리 복잡해도 기본적으로는 기능주의 모델을 확장한 것일 뿐, 달리 새로운 것은 없습니다.

이제 튜링 테스트로 돌아가서 인공지능이 모방 게임의 과제를 수행하는 방식과 기능주의를 연결해봅시다. 모방 게임에서 질문자가 제시하는 질문들은 입력에 해당합니다. 이 질문이 입력되면 인공지능은 답변을 출력하기 위해 내부에서 계산을 합니다. 그 계산 과정이 곧 사고 과정이지요. 인간의 경우에도 질문을 받으면 생각을 하고 나서 답변을 출력합니다. 두 경우를 보면 컴퓨터의 계산 과정 대신 인간의 두뇌 과정이 대응한다는 것만이 다를 뿐입니다. 여기에 인간의 사고를 담당하는 '두뇌 과정은 곧 계산 과정'이라는 계산주의 가정이 더해지면 인간의 사고와 기계의 사고는 아무런 차이가 없게 됩니다.

사고력을 측정하는 튜링 테스트에서 질문은 '생각한다'는 심리 상태를 야기합니다. 질문을 받고 나서 답변을 출력하기 위한 내적 과정이 사고의 과정입니다. 그리하여 모방 게임에서 동일한 질문(입력)에 대해 인간과 동등한 수준의 답변(출력)을 제시하고 동등한 수준으로 질문자를 속일 수 있는 인공지능이라면 인간과 동등한 마음과 사고력을 갖는 것으로 간주할 수 있습니다. 그 인공지능은 튜링 테스트를 통과한 것입니다.

기능주의에 의하면 여기서 입력과 출력의 동등성이 중요하지 인공지능 기계의 내면 상태가 질적으로 인간의 그것과 같은지는(즉 실제로 무엇을 느끼고 의식하는지는) 중요하지 않습니다. 그것은 기능적으로 무관한 요소입니다. 또한 기능주의는 유기체나 시스템을 구성하는 물질이 무엇이건 상관없이 오직 기능과 역할로 심리 현상 내지 마음을 정의합니다. 따라서 사고력이나 마음을 갖는지를 판단함에 있어, 기계를 구성하는 물질과 인간을 구성하는 물질이 무엇이며 어떻게 다른지는 아무 상관이 없습니다. 즉 구성 물질이 실리콘인지 탄소인지의 차이는 중요하지 않습니다. 그 기능이 중요할 따름입니다.

오늘날 인간의 마음과 인공지능 컴퓨터를 비교하는 방식은 근본적으로 튜링의 아이디어에 기초하고 있습니다. 튜링은 '생각하는 기계의 가능성'이라는 막연한 생각을 모방 게임을 통해 구체적으로 구현해냈습니다. 그리고 인간과 인공지능 기계가 구성 물질이 다를지라도 사고의 기능 면에서 동등할 수 있다는 아이디어를 구체화했습니다. 기능주의 방식의 튜링 테스트는 인간의 의식이나 느낌 등 질적 경험을 제외하고 기계와 마음의 기능적 동등성을 비교하는 것입니다. 그것은 인간 내면의 의식의 문제를 제외하고 사고의 역할과 기능만을 확인할 따름입니다. 그 결과 기능주의가 포착할 수 없는 마음 내부의 느낌이나 감각질 같은 질적 상태를 다루지 않은 채 남겨두었습니다.

이후 튜링을 반박하는 사람들은 바로 이 점을 파고듭니다. 튜링 테스트를 통과하는 인공지능이 결여한 것은 무엇인가요? 인공지능이 인간과 동등한 사고력을 가졌다지만 인간 마음 중에서 갖지 못한 것은 무엇일까요? 튜링 테스트를 통과하는 기계가 우리를 속일 수 있다고 할 때, 속이려는 의도나 의식 없이도 속임이 성립할까요? 속일 의도는 없었으나 상대가 속아 넘어갔다면 그것은 속인 것인가요, 아닌가요? 이 물음은 데카르트 철학 안에서 깊이 생각해볼 수 있는 주제입니다.

코기토 테스트

튜링은 '기계는 생각할 수 있는가?'라는 물음을 '기계는 우리를 속일 수 있는가?'라는 물음으로 대체했습니다. 튜링 테스트는 기계가 인간을 속일 수 있는 능력을 갖는지 테스트하는 것입니다. 그렇다면 역으로 우리는 인공지능을 속일 수 있을까요? 즉 인공지능은 속임의 대상일 수 있을까요? 이 물음은 과연 무엇을 묻는 것일까요? 이제 속임의 문제를 가지고 사고능력을 테스트하는 주제를 좀 더 깊이 다루어보겠습니다.

우리는 사람을 속일 수 있습니다. 그러나 돌이나 책상을 속일 순 없습니다. 그런데 개나 고양이 혹은 개구리 같은 동물은 속일 수 있을까요? 그럼 기계는 어떤가요? 이들 중에 속임의 대상이 될 수 있는 것은 무엇인가요? 속일 수 있는 것과 속일 수 없는 것의 차이는 무엇이며 그 기준은 무엇인가요? 여러분은 이 물음의 성격을 간파했나요? 이 물음은 속임을 당할 수 있는 존재의 능력을 묻고 있습니다. 아무것이나 속임을 당할 순 없으며 속임을 당하기 위해서도 모종의 능력이 필요하다는 것이죠. 그게 무엇일까요?

이 문제를 가장 독창적인 방식으로 다룬 철학자는 데카르트인 것 같습니다. 그는 속임의 대상이 지닌 사유능력을 실험합니다. 어쩌면 데카르트야말로 속임 대상의 사유능력을 가장 진지하게 고려했던 철학자일 것입니다. 그의 철학의 제1원리인 "나는 생각한다, 그러므로 존재한다"라는 명제는 흥미롭게도 바로 속임의 대상이 가진 사유능력에서 도출됩니다.

잘 알다시피 데카르트는 확실한 것의 토대 위에 학문을 세우고자 했습니다. 그에게 확실한 것이란 '의심이 불가능한 것', 즉 '의심할 수 없는 것'입니다. 그가 확실한 것을 찾기 위해 의심의 방법을 사용하는 이유가 여기에 있습니다. 데카르트는 감각 경험을 의심하는 것에서 시작하여, 전지한 능력을 가진 악령이 나를 속이고 있다면 수학적 지식조차도 의심할 수 있기에 그마저 확실한 것이 아니라고 주장합니다. 여기서 그의 유명한 '악령의 사고실험'이 도입됩니다. 그리고 전능한 악령일지라도 나를 속일 수 없는 확실한 것이 있는데, 그건 바로 '나는 생각한다'는 코기토 명제라고 주장합니다.

그런데 속임이란 무엇인가요? 속임은 적어도 상대를 잘못 생각하도록 유도하는 것입니다. 예컨대, 속이려는 상대에게 어떤 명제가 거짓이지만 참이라고 생각하도록 만드는 것입니다. 속인다는 것은 잘못 '생각하도록' 하는 것이므로, 우리는 생각하는 존재만을 속일 수 있습니다. 마찬가지로 (올바르거나 그릇되게) 생각할 수 있는 자만이 속임을 당할 수 있습니다. 돌이나 책상처럼 생각할 수 없는 것은 속일 수도 없습니다.

인공지능, 마음을 묻다

속임의 정의에 의해 전지한 악령이 나를 성공적으로 속이려면 나는 생각하고 있어야 합니다. 이는 내가 생각하는 한에서만 (즉 내가 의식이 없거나 잠든 동안이 아니라 의식이 깨어 있는 동안에만) 악령이 나를 속일 수 있다는 것을 보여줍니다. 이것이 데카르트의 악령 가설의 핵심입니다. 악령이 '나는 생각한다'는 것을 속이려면 역설적으로 '나는 생각한다(코기토)'는 것을 전제해야만 합니다. 그리하여 '나는 생각한다'라는 것이야말로 의심의 여지가 없으며 전지한 악령조차 속일 수 없는 확실한 것이 됩니다. 이로부터 데카르트는 "나는 생각한다, 고로 나는 존재한다(코기토 에르고 숨Cogito ergo sum)"라는 확실성의 원리를 도출합니다. 생각하는 실체로서 나의 존재는 의심 불가능하며 확실한 것이 됩니다.

여기서 데카르트는 속임의 주체만이 아니라 속임의 대상이 갖는 사유능력을 코기토의 능력으로 간주합니다. 데카르트가 '코기토 에르고 숨'의 확실성에 도달하는 과정에서 도입한 악령의 사고실험은 무언가를 속일 수 있으려면 속임의 대상은 생각할 수 있어야 한다는 것을 보여줍니다. 전지한 악령이 나를 상대로 모든 것을 속일 수 있더라도 '나는 생각한다(코기토)'는 사실만은 속일 수 없다는 것이지요. 나는 생각하는 동안에만 속임을 당할 수 있으니까요. 그런 점에서 '우리는 기계를 속일 수 있는가?' 하는 물음은 기계가 생각할 수 있는지, 즉 기계가 사고능력을 갖는지를 테스트할 기준이 됩니다. 이를 '데카르트 테스트' 혹은 '코기토 테스트'라고 부르겠습니다.

이제 처음의 질문으로 돌아가 보죠. 우리는 인공지능을 속일 수 있을까요? 악령이 나를 속일 수 있듯이, 우리는 기계를 속일 수 있을까요? 그리하여 기계 역시 나처럼 '코기토 에르고 숨'이라고 할 수 있을까요? 데카르트는 기계가 사유능력이 없다고 봄으로써 기계를 속일 수도 없다고 보았습니다. 마치 책상이나 돌처럼 기계는 속임의 대상이 아니며, 동물 역시 자동기계로서 속일 수 없다고 보았지요. 그는 왜 그런 결론에 도달했을까요? 그는 속임의 주체만이 아니라 속임의 대상 역시 '코기토'라고 말할 수 있어야 하고, 자신의 사고에 대한 의식이 있어야 한다고 보았습니다. 그는 기계가 '코기토'라고 말할 수 있는 정신적 실체가 아니며, 따라서 기계는 생각도 의식도 없다고 보았습니다.

데카르트가 오늘날 튜링 테스트를 통과하는 인공지능을 본다면 어떻게 생각할까요? 뭐라고 말할까요? 그는 인공지능이 겉으로는 인간처럼 행동하고 사고하는 듯이 보이지만 내면의 의식이 텅 비어 있는 영혼 없는 사물과 같다고 생각할 것입니다. 그가 보기에 의식이 없는 인공지능 기계는 사유능력도 없습니다. 비록 인간과 비슷하게 반응하고 기능하더라도 사고하는 것이 아닙니다. 그는 자신이 생각한다는 것을 의식하는 존재만이 진정 사고하는 것이라고 보았지요. 이와 유사한 관점에서 튜링의 주장을 반박하는 현대 철학자가 있습니다. 그 유명한 '중

인공지능, 마음을 묻다

국어 방 사고실험'을 제시했던 존 써얼John Searle입니다.

중국어 방

존 써얼은 강한 인공지능 논제를 거부하면서 튜링 테스트를 통과하는 인공지능 기계에 사고능력을 부여하는 것을 반박합니다. 튜링을 논박하기 위해 써얼은 '중국어 방'이라는 흥미로운 사고실험을 도입합니다. 먼저 써얼은 실제로 자신의 모국어는 영어이고 중국어는 전혀 모르는 상황을 가정합니다.

나는 어떤 방 안에 갇혀 있다. 이 방에는 중국어 단어들이 모두 들어 있는 상자가 있고, 외부에서 중국어로 묻는 물음들에 대해 대답을 구성하는 방법에 관한 훌륭한 규칙들이 주어져 있다. 질문을 받으면 나는 규칙에 따라 구성한 답변을 내보낸다. 어느 누구도 나의 중국어 답변을 읽고 내가 중국어를 모른다고 할 수 없다. 한편 내가 영어 물음에 대해 영어로 대답할 때도 있다. 방 밖의 외부 사람들이 보면 중국어의 물음과 영어의 물음에 대한 나의 대답들은 동등하게 좋을 것이다. 그러나 중국어의 경우는 영어의 경우와 달리 나는 해석되지 않은 형식적 기호들을 조작함으로써 그 대답을 구성한 것에 불과하다. 중국어에 관한 한 나는 단순히 컴퓨터처럼 반응했다. 즉 나는 형식적 규칙들의 요소에 따라 계산적 기능을 수행한 것이며, 이 경우 나는 단지 컴퓨터 프로그램의 한 사례에 불과하다.*

이 사고실험으로 써얼이 주장하려는 바는 다음과 같습니다. 폐쇄된 방 안에서 중국어로 답변하는 사람은 남들이 보기엔 중국어를 이해하는 듯해도 실제로는 중국어를 전혀 이해하지 못한다는 것입니다. 그는 단지 어떤 지시 매뉴얼에 따라 형식적 프로그램을 실행할 뿐입니다. 마찬가지로 튜링 테스트를 통과하도록 프로그램된 컴퓨터가 하는 일도 이와 다를 바 없습니다. 이는 튜링 테스트를 통과한 인공지능이 이해력 내지 사고력을 갖기에 충분하다는 강한 인공지능 논제 역시 잘못이라는 것을 보여줍니다.

써얼은 이 사고실험을 통해 중국어 방 안에 있는 사람은 내면적으로 이해의 경험을 갖지 못하기 때문에 진정으로 중국어를 이해하는 것이 아니라는 것을 보여주고자 합니다. 즉 써얼이 모국어인 영어로 대화할 때와 알지 못하는 중국어에 통사적으로 대응할 때 내부에서 일어나는 일은 전혀 다릅니다. 모국어인 영

---

* John Searle(1980), "Minds, Brains, and Programs", in *THE MIND'S I*, pp.358-373.

　　　　　　　　　　　　　　　　인공지능, 마음을 묻다

어 질문을 받고 영어로 답변할 경우에는 그 말이 무슨 뜻인지, 자신이 무엇을 말하고자 하는지 이해합니다. 반면에 중국어 질문을 받고 중국어로 답변할 때에는 그러한 이해의 경험 없이 다만 기계적으로 형식적 기호들을 조작했을 뿐입니다. 이 경우에는 진정으로 언어를 이해한다고 볼 수 없습니다.

중국어 방 사고실험에서 언어를 이해하는 능력은 사고능력과 같습니다. 또한 이해는 사고의 한 형태이기도 하지요. 써얼은 튜링이 주장하는 기계의 사유는 진정한 사유가 아니라고 주장합니다. 기계는 외면적으로 언어를 이해하는 것처럼 보이지만 사실 진정 이해하거나 사고하는 것으로 볼 수 없다는 것이지요. 써얼은 무슨 근거로 이런 주장을 하는 것일까요? 혹은 진정한 사고를 위해서는 무엇이 필요하다는 것일까요?

써얼의 사고실험을 다음과 같이 변형해보면 진정한 사고가 무엇인지에 대해 써얼이 주장하는 바가 더욱 분명하게 드러납니다.

중국어 방에는 원래 있었던 S1 이외에 S2가 함께 있다. 중국어를 모르는 S1과 달리 S2는 중국어에 충분히 숙달된 사람으로서 밖에서 주어지는 중국어 질문의 의미를 이해하고 그에 맞는 적절한 대답을 한다. 중국어 방 밖의 사람은 두 사람의 대답을 듣고 동등하게 훌륭하다고 판단한다. 물론 이 가정적 상황에서 방 안에 있는 S1(통사적으로 단어를 배열하여 답변하는 통사적 화자)과 S2(의미를 이해하고 답변하는 의미론적 화자)의 이해 방식은 전혀 다르다. S1 자신은 중국어의 의미를 이해하는 경험이 없을지라도 계산적, 통사적 기능을 수행함으로써 '이해'를 위한 3인칭 관점의 테스트를 통과할 수 있다. 즉 그가 중국어를 통사적이고 기능적으로 조작하여 내놓은 답변을 보고 방 밖의 제3자는 그가 중국어를 이해한다고 평가한다. 하지만 S1의 통사적 화자는 주관적 관점의 이해를 결여하므로 이해 상태에 있지는 않다. 반면에 S2는 내면적으로 주관적 이해의 경험을 가지므로 그는 진정으로 중국어를 이해한다고 할 수 있다.*

여기서 써얼은 중국어 질문에 답변하는 두 사람의 경우를 대조시킵니다. S2는 모국어에 숙달된 사람들처럼 중국어의 의미를 이해하며 질문에 답변합니다. S1은 형식적 규칙 매뉴얼에 따라 통사적으로만 반응하는 화자입니다. 튜링 테스트를 통과하는 컴퓨터나 튜링기계도 이와 유사한 역할을 수행합니다. 통사적으로 기호를 다루고 처리하는 S1처럼 기계는 남이 보기에는 적절한 중국어 답변을 내놓지만 중국어로 쓰인 노트 안의 고유

* 　김선희(1997), "인공지능과 이해의 개념", 《인지과학》 Vol. 8, No.1, pp.7-11.

한 내용에 대해선 아무것도 이해하지 못합니다.

방 밖에서 제3자가 보기에 S1과 S2의 중국어 답변이 모두 훌륭하다는 것은 둘 다 이해의 3인칭 관점의 테스트를 동등하게 통과한다는 의미입니다. 튜링기계도 3인칭 테스트를 통과할 것입니다. 제3자의 관점에서 보면 둘은 동등하지만 주관적 관점에서 보면 내면적 경험은 아주 다릅니다. S2는 질문과 답변으로 주고받는 중국어를 이해하는 내면의 경험을 갖지만 S1처럼 기계는 그러한 이해의 내적 경험이 없습니다.

이 사고실험을 통해 튜링기계가 갖지 못한 것은 내면의 주관적 경험이라는 것이 드러납니다. 즉 튜링 테스트를 통과한 기계가 결여한 것은 주관적인 일인칭 관점에서 언어를 이해하는 경험입니다. 수정된 중국어 방 사고실험은 내면의 의식과 경험 없이는 진정한 사고도 없다는 것을 보여주고자 합니다. 중국어 방 논증을 이렇게 이해하면, 튜링에 대한 써얼의 문제 제기는 정확히 다음과 같이 표현할 수 있습니다. "튜링 테스트를 통과하는 컴퓨터의 모방은, 모방 게임에서 여자를 가장한 남자와 같이 상대를 속이려는 의도와 의식을 포함하는가? 혹은 기계는 S2처럼 중국어를 이해하고 있다는 주관적 의식 경험을 갖는가?" 즉 써얼은 '튜링기계가 자신의 사고를 의식할 수 있는가?'를 묻습니다. 의식이 사고의 전제조건이라는 것이지요.

결론적으로 중국어 방 사고실험을 통해 써얼은 언어를 이해하거나 사고하기 위해서는 주관적인 일인칭 관점에서 이해의 경험과 의식을 가질 수 있어야 한다고 주장합니다. 달리 말하면 사고력을 부여하기 위해서는 데카르트의 코기토 테스트를 통과해야 한다는 것입니다. 자신의 사고를 의식할 수 있는 자만이 속임의 대상이 될 수 있다고 본 철학자는 데카르트였습니다. 즉 속임의 대상이 되려면 '코기토'라고 말할 수 있어야 합니다. 진정으로 사유하는 자는 자신이 의도하고 이해하는 바를 (기계적 작동으로가 아니라) 의식하고 있어야 합니다. 그렇다면 비록 튜링 테스트를 통과할지라도 튜링기계는 이러한 의식을 결여하므로 사고한다고 볼 수 없다는 것이지요. 그리하여 인공지능은 우리를 속일 수도 없고 속임을 당할 수도 없다는 결론에 도달하게 됩니다.

튜링이 모방 게임을 통해 속임과 사유의 능력을 기능적으로 정의했다면 데카르트는 속임의 주체만이 아니라 속임의 대상도 생각하는 실체 혹은 의식하는 존재일 것을 요구했습니다. 이는 중국어 방 논증에서 드러난 존 써얼의 입장과 상통합니다. 써얼은 사고능력을 위해서는 주관적 의식이 있어야 한다고 보았지요. 그의 중국어 방 사고실험은 튜링 테스트를 통과하는 기계라 할지라도 코기토 테스트를 통과하진 못한다는 것으로 요약됩니다. 이에 따르면 기계가 튜링 테스트를 통과했더라도 코기토 테스트를 통과하지 못한다면 그 기계에 사고능력을 부여할 수는 없습니다. 이 점에서 써얼은 데카르트의 후예라고 할

인공지능, 마음을 묻다

수 있습니다.

사고는 의식을 동반하는가

데카르트의 코기토 테스트와 써얼의 중국어 방 사고실험이 공통적으로 전제하는 것은 모든 사고에는 의식이 수반된다는 것입니다. 그러나 이 전제는 참일까요? 우리의 일상적인 사고들을 생각해보면 무언가를 원하고 믿고 이해하는 등의 사고에 반드시 의식이 따라 나오는지는 분명치 않습니다. 우리는 그러한 사고들에 대해 별다른 느낌 또는 의식이 수반되지 않더라도 인지하거나 이해할 수 있습니다. 우리는 의식하지 않고도 많은 믿음들을 가질 수 있습니다. 나의 믿음에 속하지만 누가 물어볼 때 비로소 떠오르는 믿음도 있습니다. '2+3은 5'라는 것은 어떤 의식을 동반하지 않고도 기계적으로 계산할 수 있습니다. 또한 지구는 둥글다는 믿음에 항상 어떤 유형의 특별한 느낌이나 의식이 동반되는 것은 아닙니다.

이와 관련하여 비트겐슈타인은 이해나 사고는 의식작용을 수반하지 않는다는 것을 설득력 있게 주장합니다. 무엇을 이해한다는 것은 그 주체 자신이 이해하고 있다는 것을 자각하는 의식작용을 함축하지 않는다는 것입니다. 그러한 자각이나 의식

없이도 우리는 많은 것들을 이해합니다. 믿음이나 욕구와 같은 심적 상태의 경우에도 마찬가지입니다. 우리가 무엇을 이해하거나 어떤 믿음을 가질 때마다 마음 안에 어떤 특별한 심상이나 의식이 일어남을 느끼는 것은 아닙니다. 어떤 이들은 우리가 어떤 사고를 하나의 믿음으로 수용하거나 무언가를 이해할 때마다 "아! 그렇구나!"라는 종류의 어떤 긍정적인 느낌이 있다고 주장해왔습니다. 유사하게 어떤 것에 대한 불신은 부정의 느낌을 직접 경험하게 하고 기억은 언젠가 본 듯한 느낌을 동반하며, 욕구나 바람들은 현재의 결핍감과 결합된 갈망이나 동경의 느낌을 가져온다고 말합니다.

그러나 이들 심리 상태마다 마음에 어떤 특별한 종류의 감각적 특질(혹은 감각질qualia)이 동반된다고 보기는 어렵습니다. 예를 들어, 당신이 '선한 거짓말은 도덕적으로 허용될 수 있다'는 믿음을 갖고 있고 그 믿음에는 감각질 Q가 동반된다고 해봅시다. 그러면 당신은 Q를 발견하면 "아! 나는 선한 거짓말이 도덕적으로 허용될 수 있다고 믿는구나!"라고 알아차리는 반면 Q를 발견하지 못하면 "오, 아니다! 나는 그런 믿음을 갖지 않는구나!"라고 알아차리게 되겠죠. 그런데 정말 그런 감각질 Q가 있을까요? 그런 주장은 터무니없어 보입니다. 우리는 특수한 감각질을 찾아서 자신의 내부를 관찰함으로써 우리가 무엇을 믿는지 아니면 희망하는지를 발견하는 것은 아닙니다. 또한

인공지능, 마음을 묻다

우리는 어떤 믿음이나 욕구를 가질 때마다 그리고 무엇을 이해할 때마다 특별한 유형의 감각질을 경험하진 않으며 그것을 찾으려고 하지도 않습니다. 아무튼 어떤 특수한 질적 느낌을 갖지 않는 심리 상태들이 있다는 것은 분명합니다. 많은 경우 주체의 내면에서 경험하는 느낌이나 의식 없이도 이해는 가능합니다.

그렇다면 모든 사고에 의식을 동반할 것을 요구하는 코기토 테스트는 인간의 사고에도 적용하기 어렵습니다. 기계만이 아니라 인간도 코기토 테스트를 통과할 수 없다면 이 테스트는 인공지능의 사고력을 시험하기에 부적절하거나 지나치게 강한 조건이라고 할 수 있습니다.

이상의 고찰은 인공지능의 사고 가능성에 대해 어떤 함축을 지닐까요? 모든 사고에 항상 의식이 수반되진 않는다는 것이 튜링의 인공지능 논제를 지지해주는 것은 아니지만 적어도 의식이 동반되지 않는 사고에 대한 새로운 물음을 제기해줍니다. 즉 어떻게 의식 없이 사고가 가능한지, 의식이 동반되지 않는 사고는 어떤 것인지, 우리의 사고에서 의식이 차지하는 역할이나 비중은 어느 정도인지 하는 중요한 문제가 제기됩니다. 그리고 이 물음은 인공지능의 사고에 대해 더 심화된 논의를 진전시키는 계기가 될 것입니다.

사고에 주관적 의식이 따른다고 보는 점에서 써얼과 데카르트는 유사한 입장을 취한다고 했습니다. 하지만 둘 사이에는 중요한 입장의 차이가 있습니다. 특히 의식의 발생에 관해서 둘은 다른 입장을 취합니다. 데카르트는 의식을 물리적 신체와 구분되는 정신적 실체의 특성으로 보는 한편, 써얼은 의식을 생물학적 두뇌로부터 생겨나는 속성으로 간주합니다. 써얼은 기능적인 튜링기계는 의식이 없을지라도 생물학적 두뇌를 복제한 기계라면 의식을 가질 수 있다고 생각했습니다. 그는 모든 기계가 의식을 갖지 않는 것은 아니며, 두뇌의 인과력을 복제하는 기계가 있다면 의식을 가질 것이라고 본 것이지요.

그런데 두뇌의 인과력을 복제한 기계는 어떻게 의식을 가질 수 있다는 것일까요? 두뇌를 물리적으로 복제한다고 해서 과연 의식이 생겨날 수 있을까요? 혹은 두뇌 신경망을 모방한 연결기계는 의식을 가질까요? 튜링기계가 의식을 가질 수 없다면 물리적인 두뇌 복제 시스템이 의식을 갖는다는 것도 미스터리입니다. 인간의 두뇌가 어떻게 의식을 갖는지는 과학자들도 설명할 수 없는 불가해한 일이기 때문이지요. 물론 우리가 두뇌를 가진 덕분에 심리 현상을 가지고 정신생활을 영위하는 것이 사실일지라도 어떻게 두뇌의 물리 상태로부터 의식이 발생하는지는 여전히 설명되지 않는 수수께끼로 남아 있습니다.

2장

인공지능은
마음을
구현할 수 있는가

두 개의 마음

튜링 테스트를 통과하는 인공지능은 인간의 마음을 갖는다는 강한 인공지능 논제를 받아들인다고 하더라도 인공지능은 인간의 마음을 모두 구현할 수 있을까요? 즉 인공지능은 마음을 모두 모방할 수 있을까요? 기계가 인간의 지능과 사고를 모방할 수 있으려면 인간의 마음을 기능화할 수 있어야 합니다. 그런데 인간의 마음이 모두 기능화할 수 있는 것인가요? 인간의 감정과 의식도 기능화할 수 있을까요?

우리의 마음은 두 영역으로 이루어져 있습니다. 바로 지향적 마음과 현상적 마음입니다. 현상적 심리 상태는 주체에게 어떠하게 보이거나 느껴지는 질적인 경험, 주관적 느낌이나 의식 상태를 말합니다. 감각을 포함하는 심적 현상들로서, 고통, 가려움, 간지럼, 메스꺼움, 색깔을 보거나 색의 잔상을 봄 등이 여기에 속합니다. 이들 감각들은 독특한 질적 특성을 갖습니다. 이것들은 '현상적'이거나 '질적'인 면모를 갖는데, 그것은 그 심적 상태들이 어떠어떠하게 보이거나 느껴지는 방식을 말합니다. 예를 들어, 고통은 특정 아픔이 느껴지는 독특한 질적 느낌이지요. 또는 당신이 노란색을 지각할 때 그 색상이 당신에게 보여지는 독특한 방식이 있는데, 바로 노랗게 보이는 경험입니다. 이러한 감각과 결부된 질적 특징을 '현상적' 혹은 '감각의 질적'

성질이라고 하며, 간략히 '감각질'이라고 부릅니다. 현상적 의식 및 감각질은 주관이 직접 경험하고 느끼는 의식입니다. 제3자가 접근하거나 경험할 수 없으며 주체만이 내면적으로 경험하는 주관적 의식이지요.

지향적 마음은 대상을 향하는 마음으로, 사고 내용을 대상으로 갖습니다. 즉 명제 내용 혹은 사고 내용을 목적절로 사용하여 사람(혹은 마음을 가진 주체)에게 귀속시키는 심리 상태입니다. 예컨대, "나는 내일 날씨가 좋다는 것을 믿는다"고 해봅시다. 여기서 나는 믿음의 주체이고, 나의 믿음은 '내일 날씨가 좋다'는 명제나 사고 내용을 대상으로 합니다. 그리고 이 명제에 대해 나는 믿거나 소망하는 등 다양한 태도를 갖습니다. 이처럼 우리는 동일한 명제에 대해서 다른 태도를 취할 수도 있고 또는 '저녁에 비가 온다는 것'과 '저녁에 회의가 있다는 것'을 믿는 것처럼 다른 명제들에 대해서 같은 태도를 취할 수도 있습니다. 지향적 사고는 이처럼 한 주체가 어떤 명제에 대해 믿거나 소망하거나 염려하는 등의 태도를 취한다는 점에서 명제 태도로 불리기도 합니다. 이렇게 명제 내용을 대상으로 갖는 심리 상태들이 지향적 마음의 영역입니다. 우리는 이런저런 내용의 명제에 대하여 믿음, 욕구, 걱정, 기대 등의 지향적 심리 상태를 갖습니다.

그런데 지향적 심리 상태에 현상적이고 질적인 면이 있을까요? 우리는 믿음이나 욕구와 연결시킬 수 있는 어떤 특정 느낌

인공지능, 마음을 묻다

이 있다고 보진 않습니다. 마찬가지로 지구는 둥글다는 믿음이나 3은 2보다 크다는 믿음과 연결되어 있는 특별한 느낌이나 감각질도 없습니다. 아무런 감각의 질적 경험 없이도 믿음들을 가질 수 있다는 것이지요. 즉 지향적 사고에는 감각질이나 의식이 동반되지 않습니다. 그런 점에서 믿음과 욕구 같은 지향적 사고는 현상적 의식과는 구분되는 마음의 영역입니다.

그러면 감정이나 정서라는 목록에 포함되는 심적 상태들은 어디에 속할까요? 그런 심적 상태들은 매우 다양한데 기쁨, 분노, 슬픔, 두려움, 침울, 후회, 비탄, 당황 등이 모두 여기에 포함됩니다. 이들 정서와 감정은 명제적 내용과 더불어 질적인 느낌이 동반되는 심리 상태로 보입니다. 정서는 주체에게 명제 내용을 귀속시킨다는 점에서 명제 태도 혹은 지향적 태도이기도 합니다. 당신은 '어제 친구와 다툰 것'을 후회하거나 '부모님께 불효를 저지른 것'에 대해 비탄의 감정에 빠질 수도 있습니다. 이런 정서와 감정은 명제 내용을 가진 지향적 태도이지만 동시에 후회와 비탄에 잠길 때 가슴 아픈 질적 느낌을 동반할 수도 있습니다. 이처럼 지향적 상태와 현상적 의식이 혼합된 심리 상태가 있을 수 있습니다.

이와 같이 지향적 마음과 현상적 마음은 동질적이지 않은 마음의 두 영역입니다. 두 마음은 서로 다른 특성을 가지며 이해하는 접근 방식도 다르기 때문입니다. 현상적 마음은 심리 주체의 내면에서 주관적으로 느껴지는 의식으로서 제3자가 객관적으로 접근하거나 인지할 수 없습니다. 그렇기에 우리는 타인의 의식을 경험할 수도 관찰할 수도 없지요. 나는 다른 사람의 고통을 대신 느낄 수 없고 타인 또한 나의 마음을 의식할 수 없습니다. 주관적 의식은 주체 자신만이 느낄 수 있으며 동시에 자신에게는 틀릴 수 없는 확실한 것으로 느껴집니다. 내가 고통을 느낀다면 이 고통의 의식은 틀릴 수도 의심할 수도 없습니다. 이제 데카르트가 코기토의 원리로 사고에 부여했던 의식은 바로 현상적 마음에 속한 것임을 알 수 있습니다.

한편 지향적 마음, 지향적 심리 현상은 제3자의 객관적 관점에서 이해하고 접근할 수 있습니다. 우리는 "영희가 저녁에 비가 올 것이라고 믿는다"는 것을 어떻게 알 수 있을까요? 영희는 저녁에 비가 온다는 일기예보를 들었고, 외출할 때 우산을 들고 나갔으며, 왜 우산을 갖고 나가느냐는 질문에 저녁에 비가 올 것이기 때문이라고 답했습니다. 이 모두를 통해서 우리는 영희가 '저녁에 비가 온다'는 믿음 상태, 즉 지향적 심리 상태에 있음을 알 수 있습니다. 여기서 우리가 영희의 믿음을 알게 되는 것은, 그 믿음을 둘러싼 인과적 역할과 기능을 통해서입니다. 그리고 그 믿음이 가진 기능은 관찰 가능한 입력과 출력의 관계를 통해서 드러납니다. 이런 과정을 통해 지향적 마음은 기능적

인공지능, 마음을 묻다

으로 설명이 가능합니다.

또한 우리는 철수가 파리로 여행하려는 것을 어떻게 알 수 있을까요? 여행하려는 철수의 의도와 의지를 어떻게 알 수 있나요? 우리는 철수의 의지가 무엇인지 그의 내면을 들여다볼 수 없고 마음속의 현상적 의식과 느낌을 알 수도 없습니다. 다만 철수가 여행 준비를 하고 일정을 조정하고 파리행 비행기 표를 구매하고 여행에 필요한 물품을 구입하고 파리의 관광 명소를 검색하여 계획을 세우는 등의 행동을 보고 '철수는 파리 여행을 하려고 한다'는 것을 인지하게 됩니다. 즉 우리는 철수의 관찰 가능한 행동과 역할을 보고 그에게 여행하려는 의도가 있음을 알게 됩니다. 이는 지향적 마음을 인지하거나 이해하는 기능주의 방식입니다. 동시에 이는 믿음이나 의도 등의 지향적 상태는 기능화할 수 있음을 보여줍니다.

지향적 마음을 기능화할 수 있다는 것은 무엇을 말해줄까요? 지향적 마음을 기능화한다는 것은 입력과 출력의 관계에서 기능적으로 동등한 튜링기계를 고안함으로써 기계가 그 마음을 구현할 수 있다는 것을 의미합니다(기계가 지적 작업을 수행하는 인간과 기능적으로 동등하게 행동하고 반응한다면 기계도 인간처럼 사고하는 것으로 간주하는 튜링의 입장을 상기해보세요!). 다시 말하면 욕구와 믿음 등의 지향적 마음은 기능화를 통해 기계가 그 기능과 역할을 따라할 수 있고, 그리하여 기계가 모방하고 구현할 수 있다는 것입니다. 그런 점에서 지향적 마음은 기능적 마음이기도 합니다. 또한 인지적으로 접근 가능한 인지적 마음이기도 합니다.

지향적 마음과 달리 의식과 같은 현상적 마음은 애초에 기능화할 방법이 없습니다. 현상적 의식은 주관적이고 직접적인 의식이기에 제3자의 관점에서 의식이 무엇이며 어떤 역할을 하는지 관찰할 수 없습니다. 그리하여 현상적 의식의 기능화는 시작조차 할 수 없습니다. 현상적 의식이나 감각질 자체는 아무런 기능적 역할이 없기 때문이지요. 이처럼 감각질은 기능주의 모델로는 포착될 수 없고 설명될 수도 없습니다. 그런 점에서 감각질의 존재는 기능주의 마음이론의 한계로 여겨집니다.

이제 '인공지능은 인간의 마음을 모두 구현할 수 있는가? 아니라면 인공지능은 마음을 어디까지 구현할 수 있는가?' 하는 물음에 답할 수 있습니다. 인공지능은 기능화할 수 있는 마음 영역에 대해서는 원리적으로 모두 구현이 가능합니다. 즉 인간의 지향적, 인지적 마음 혹은 기능적 마음을 모방하고 구현할 수 있습니다. 그러나 현상적 의식은 기능화할 수 없기에 인공지능 기계가 그것을 모방할 수도 프로그램할 수도 없습니다. 이는 인공지능 기계가 인간의 마음을 대부분 모방할 수 있을지라도 그것은 지향적 마음 내지 기능적 마음에 한정된 것이며 인공지능이 의식을 가질 수 없는 이유이기도 합니다. 그리고 기능주의

인공지능, 마음을 묻다

모델로 튜링 테스트를 고안했던 튜링이 염두에 두었던 마음은 (현상적 의식이 아니라) 지향적 마음 혹은 기능적 마음이라는 것을 알 수 있습니다.

기능화

인공지능이 모방하거나 구현할 수 있는 것이 기능적 마음이라면 기능적 마음은 우리 마음에서 어느 정도를 차지하는 걸까요? 그리고 인간의 마음을 얼마나 기능화할 수 있으며 기능화를 통해 무엇을 할 수 있을까요? 즉 인공지능은 인간의 마음을 어느 정도 구현할 수 있을까요? 기능적 마음으로 얼마나 많은 지적 활동을 할 수 있으며 할 수 없는 일은 무엇일까요? 이 물음에 답하려면 마음이 무엇이며 물리 세계에서 마음이 어떻게 활동하는지 이해해야 합니다.

우리는 심리철학자 김재권Jaegwon Kim의 마음이론을 토대로 이 문제를 조명하려고 합니다. 김재권의 심리철학에서 마음만이 아니라 인공지능의 형이상학을 설득력 있게 설명할 원리를 발견할 수 있기 때문입니다. 그는 인간의 마음을 기능화함으로써 물리적 환원의 가능성을 설득력 있게 제시한 철학자입니다. 그는 심리철학의 주요 주제인 마음과 몸의 관계이론(즉 심신이론)

에 대해 최종적으로 '기능적 환원주의'라는 입장을 제시했지요.[*]

그렇다면 왜 김재권의 기능적 환원주의에 주목해야 할까요? 우리의 마음을 기능적 환원의 모델로 이해하는 것은 역으로 마음을 모방하는 인공지능 시스템의 구축을 위해 무엇을 어떻게 해야 하는지에 대한 대략적인 구조를 보여주기 때문이지요. 우리는 이 모델을 살펴봄으로써 인공지능의 작동 원리와 구현 가능성을 이해하는 데 중요한 통찰을 얻을 수 있습니다. 이제 이 모델의 환원 전략을 살펴보겠습니다.

기능적 환원주의는 기능을 매개로 하여 심적인 것을 물리적인 것으로 환원하는 심신이론입니다. 심신 간에 환원이 이루어질 경우 심적인 것은 물리적인 것 이외의 다른 것이 아니라는 의미입니다. 마음과 몸은 둘이 아니라 하나인 것이죠. 이는 비물질적인 정신이나 영혼을 상정하지 않고, 마음도 물리적 신체 안에서 일어나는 현상이라는 것을 보여주는 물리주의 입장입니다. 영혼 없는 인공지능 체계도 사고하고 마음을 갖는다는 걸 보여주려 했던 튜링의 입장도 이와 유사합니다.

간략히 설명하면 기능적 환원은 다음의 두 단계로 이루어집니다. 첫 단계에서 환원시킬 심리 상태를 그것의 기능적 역할

---

[*] Jaegwon Kim(2005), *Physicalism, Or Something Near Enough*, Princeton University Press.

(혹은 인과적 역할)로 정의하고 나서 다음 단계에서 정의된 기능적 역할을 수행하는 물리적 실현자를 경험적으로 발견하는 것입니다. 여기서 '실현자'란 심리 상태와 동일한 기능을 하면서 그 심리 상태를 실현시키는 물리적 토대를 말합니다. 심리 상태와 동일한 기능을 하는 이 실현자를 발견하면 심리 상태는 바로 이 물리적 실현자와 동일한 것으로 간주됩니다. 이는 심리 상태가 물리적 실현자 이외의 다른 것이 아니라는 의미입니다. 이렇게 심리 상태는 물리적인 것으로 환원됩니다.

여기서 실현자의 개념에는 최소한의 물리주의적인 사고가 들어 있습니다. 즉 우리의 사고와 믿음, 욕구 등 마음의 활동 기반은 두뇌 신경 체계이며, 두뇌 없이는 마음도 없다는 생각이 전제되어 있습니다. 우리가 어떤 심리 상태에 있다는 것은 어떤 두뇌 상태에 있다는 것입니다. 그리고 바로 그 두뇌 상태가 심리 상태를 실현시킨 실현자가 됩니다. 그리고 환원주의에 의하면 심리 상태는 그것을 실현시킨 물리적 실현자와 같은 것으로 간주됩니다. 만일 물리적 실현자의 개념을 거부하면 물리주의자가 될 수 없습니다. 그것은 물리적 토대 없이도 심리 현상이 있다는 것, 즉 비물질적인 영혼이나 정신의 존재를 주장하는 것과 다름없으니까요.

이제 유전자를 예로 들어 기능적 환원의 과정을 살펴봅시다. 오늘날 유전자는 디엔에이DNA라고 알려져 있습니다. 둘은 동일

한 것으로 유전자는 디엔에이 이외의 다른 것이 아니라는 것이
지요. 즉 유전자는 디엔에이 분자로 환원되었다고 볼 수 있습니
다. 어떻게 환원이 이루어졌을까요? 김재권은 다음과 같이 기
능적 환원의 방식을 제시합니다. 먼저 '유전자임'의 속성을 '유
전 정보를 암호화하고 후손에게 전달하는 메커니즘'으로 기능
적 정의를 합니다. 그런데 물리적 차원에서 그와 동일한 기능을
수행하는 실현자는 디엔에이 분자라는 것을 발견했습니다. 그
리고 분자생물학을 통해 디엔에이 분자들이 어떻게 유전자의
기능적 역할을 수행하는지에 대한 이론적 설명이 제공되면 유
전자는 디엔에이와 동일한 것이며 유전자는 기능화를 통해 디
엔에이로 환원되었다고 말할 수 있습니다.

이 모델에 의하면, 물리적 환원에 성공하려면 우선 기능화의
과정을 거쳐야 합니다. 기능화할 수 없는 마음은 물리적으로 환
원할 수도 없고 또한 튜링기계가 그 기능을 모방할 수도 없습니
다. 데카르트는 현상적 의식이 없는 기능적 마음만으로는 진정
한 사고를 하지 못한다고 보았으나 김재권은 우리가 누리는 대
부분의 정신생활은 지향적, 기능적 마음으로 이루어진다고 보
았습니다. 지향적 마음은 기능화할 수 있는 마음으로 물리적인
것으로 환원될 뿐만 아니라 기능주의 모델에 의해 기계가 모방
하거나 구현할 수 있습니다. 반면에 현상적 마음, 즉 주관적 의
식은 기능화할 수 없기에 물리적인 것으로 환원할 수도 없고 기

계가 모방할 수도 없습니다(김재권은 고통이나 의식은 기능화할 수 없기에 "고통을 느끼는 기능 기계를 만드는 건 불가능하며, 다만 복제의 방법밖에 없는 듯하다"고 말한 적이 있지요). 일종의 이원적 접근입니다.

김재권에 따르면 우리 마음의 거의 대부분은 기능적 마음이며 기능화할 수 없는 의식은 극히 작은 부분에 불과합니다. 의식은 기능이 없고 따라서 물리적으로 환원될 수도 없습니다. 그런데 물리적으로 환원될 수 없는 의식은 물리 세계에 위치할 수 없고 따라서 물리계 안에서 인과적 역할을 하지도 못합니다. 그런 의식은 아무런 인과력 없이 다만 존재할 뿐입니다. 그런 점에서 비물질적인 의식은 물리주의에 아무 위협이 되지 않습니다. 존재하더라도 물질에 아무 영향도 미치지 않기 때문이지요. 그런 의미에서 김재권의 입장은 물리주의에 가깝다고 할 수 있습니다. 그 자신도 기능적 환원주의는 비물질적인 의식의 존재를 남겨두었다는 점에서 완전한 물리주의는 아니지만 '거의 충분한 물리주의'라고 생각했습니다.

그러면 기능적 환원의 모델을 인간의 마음을 구현하는 인공지능에 적용하는 것은 어떨까요? 이 가설은 타당해 보입니다. 사실상 기능적 환원 모델 자체가 기능을 중심으로 마음을 이해하는 인공지능의 마음 모델과 매우 잘 부합합니다. 또한 기능주의는 마음을 실현하는 토대가 다양하다는 것을 수용합니다. 따라서 마음의 기능을 실현하는 토대가 반드시 인간적 신체나 신경 체계일 필요는 없습니다. 그리하여 지향적 마음 내지 기능적 마음은 인간이 아닌 인공지능 기계에서도 구현될 수 있습니다.

기능적 환원주의 관점에서 보면 인공지능이 현상적 마음(즉 의식이나 감각질)을 갖지 못한다고 해서 인간의 정신 영역과 그 기능을 수행하지 못하는 건 아닙니다. 우리 마음의 거의 대부분은 기능화 가능한 지향적 마음입니다. 따라서 기계는 인간의 마음을 거의 충분히 모방하거나 시뮬레이션할 수 있습니다. 이는 기능주의가 감각질을 배제한다는 반박이 생각보다 치명적이지 못하다는 것을 보여줍니다. 마음에서 감각질이 차지하는 범위는 매우 작으며 기능주의는 감각질을 제외한 인간의 마음을 거의 대부분 설명할 수 있기 때문이지요. 그리고 물리적으로 환원 가능한 기능적 마음만이 이 물리 세계에서 인과적 역할을 한다면 기능화되지 않은 나머지 감각질과 의식은 인과적 역할이 없는 마음의 잔여물일 뿐입니다.

의식과 감각질

이상의 논의는 현상적 의식을 제외하더라도 지향적 마음의 영역에 대해 기능적 환원을 할 수 있다면, 인간의 마음 대부분이 기능화 가능하고 그리하여 그것을 모방하는 인공지능 체계

인공지능, 마음을 묻다

를 구축할 가능성을 열어줍니다.

그러면 마음을 기능화하는 구체적인 방법은 무엇일까요? 명제 내용을 가진 지향적 사고를 기능화하는 가장 기본적인 방법은 질문과 답변을 통하는 것입니다. 언어적 입력에 대하여 출력된 언어 행동을 보며 내적 사고 과정을 이해하는 것이지요. 지향적 사고는 언어의 문장 내용에 대응하는 명제 내용을 갖기에 언어적인 입력과 출력에 해당하는 적절한 질문과 답변을 통해 우리는 사고 주체의 생각을 인지할 수 있습니다(이는 튜링 테스트에서 튜링이 사용한 방법이기도 하지요). 실제로 일상에서도 우리는 상대의 생각을 묻고 그 대답을 들으면서 그 사람의 마음을 알게 됩니다. 또한 상대방의 행위에 대한 이유를 듣고 그 사람의 행위 의도를 파악합니다. 이처럼 언어를 사용하는 인간들은 서로의 지각과 행동을 관찰하는 것뿐만 아니라 그 이유를 묻고 답하는 대화를 통해서 상대의 마음을 이해할 수 있습니다.

이제 '내 앞에 책상이 있다'는 믿음을 기계가 따라한다는 것이 무엇인지 생각해봅시다. 이 믿음을 어떻게 기능화하고, 이 믿음을 가진 기계는 어떻게 행동할까요? 나아가 이 믿음을 귀속시키는 기계를 만든다는 것은 무엇이며 어떻게 그런 기계를 만들 수 있을까요?

'내 앞에 책상이 있다'는 믿음을 가진 사람이 어떻게 행동하는지 살펴보는 것이 믿음의 기능을 이해하는 방법입니다. 어떤 대상을 지각하고 자기 앞에 장애물이 놓여 있다고 믿는 사람은 그것을 치우거나 피해서 지나갈 것입니다. '내 앞에 책상이 있다'는 믿음을 가진 사람은 책상 너머의 장소로 가려면 (책상을 그대로 통과하는 것이 아니라) 부딪히지 않도록 돌아서 그 위치로 이동할 것입니다. 이렇게 앞에 책상이 있다는 믿음과 관련한 조건과 행동들을 모두 입력과 출력 그리고 내부 상태 사이에서 일어나는 역할들로 재기술할 수 있겠지요. 이것이 바로 믿음을 기능화하는 하나의 방식입니다.

욕구의 경우도 마찬가지입니다. '물을 마시고 싶다'는 욕구가 있는 사람은 물이 있는 곳을 찾을 것이고, 물이 있다고 믿는 곳이 냉장고라면 거기서 물을 꺼내어 마실 것입니다. 온수를 마시고 싶다면 물을 데워서 마시겠지요. 그러면 이런 행동을 보고 "그는 따뜻한 물을 마시기를 원한다"고 말할 수 있습니다. 이것이 사람의 믿음과 욕구 등 지향적 심리 상태를 기능적으로 기술하는 방식입니다.

지향적 사고와 마음을 설명하는 이런 모델은 기계의 경우에도 동등하게 적용할 수 있습니다. 앞의 예에서 보았듯, 기계도 앞에 놓인 장애물을 돌아서 문 쪽으로 걸어간다면 그 기계는 장애물을 인지한다고 할 수 있습니다. 즉 같은 입력 조건 아래서 기계가 믿음이나 욕구를 가진 사람과 같은 방식으로 이러저러한 역할과 행동을 한다면 그 기계도 바로 그 믿음과 욕구를 갖는 것으로 간주할 수 있다는 것이지요. 그리고 이런 믿음이나 욕구와 동등한 기능을 실행하도록 구조화된 입력과 출력, 기계 내적 과정의 기술을 토대로 공학적으로 그런 마음을 구현하는 기계를 만들 수 있을 것입니다.

이렇게 기계가 마음을 구현할 수 있는 것은 기능화할 수 있는 마음에 한정됩니다. 그러나 현상적 의식의 경우에는 달리 기능화할 방법이 없습니다. 그리하여 우리는 다시 의식의 문제에 직면합니다. 의식은 존재하기는 하지만 이 물리 세계에서 아무런 기능이나 인과적 역할이 없습니다. 물질로 환원되지 않는 비물질인 의식은 물리적 사건을 일으키는 원인이 될 수 없다는 것입니다. 이것은 '모든 물리적 사건은 물리적 원인을 갖는다'는 물리학의 기본원리(소위 '인과적 폐쇄성 원리')를 대변해줍니다. 즉 물리 세계에서 일어나는 모든 사건들은 물리적 원인을 가지며 비물리적 원인에 의해 발생할 수 없다는 것이지요. 그러니 의식이 비물질이라면 인과력도 없습니다. 예컨대, 내 앞에 놓인 책상을 움직이려면 책상을 움직이려는 생각이나 의지만으로는 안 되며 책상에 물리적 힘을 가해야만 합니다. 이는 생각만으로 물리적 대상을 움직일 수 없다는 우리의 상식적 세계관에도 부합합니다.

그런데 의식에 인과력이 없다면 의식은 우리가 사는 세계에 아무런 변화와 차이도 일으키지 않습니다. 그렇다면 두 가지 물음이 생깁니다. 첫째, 현상적 의식이 물리 세계의 인과 과정에 아무런 역할을 하지 않는다면 그것이 존재해야 할 이유는 무엇일까요? 만일 현상적 의식이 인과력 없는 부수 현상에 불과하다면 그것이 존재할 이유가 있을까요? 즉 현상적 의식이 없더라도 이 세계에 아무런 차이도 일으키지 않는다면 그것은 대체 왜 존재하는 걸까요?

둘째, 의식을 가진 인간과 의식이 없는 기계의 차이는 무엇일까요? 비록 인과적 역할이 아닐지라도 의식이 하는 모종의 역할이 있는 걸까요? 기계가 구현하지 못하는 인간에게만 있는 현상적 의식 혹은 감각질은 어떤 역할을 하며 인공지능과 인간 사이에서 어떤 차이를 가져올까요? 기능화되지 않는 의식, 그리하여 기계가 모방하지 못하는 의식의 부분(질적인 느낌)이 있다면 그것은 무엇을 위한 것일까요?

현상적 의식이 없는 기계는 두 손을 마주 잡을 때의 따스한 온기와 촉감, 가슴에 손을 얹으면 느껴지는 심장박동의 울림, 사랑하는 이와 포옹할 때의 설레는 느낌, 고통스러운 이별의 쓰라림, 환희의 기쁨, 회한의 감정 등을 느끼진 못할 것입니다. 기능기계가 갖지 않는 그러한 감각질은 인간에게 어떤 특별한 의미가 있는 걸까요?(이 주제는 5장에서 다룰 예정입니다.)

직관

우리는 튜링 테스트를 통과하는 인공지능은 사고할 수 있다는 튜링의 입장을 살펴보았습니다. 그리고 기계가 수행하는 사고는 기능화할 수 있는 지향적 사고의 영역이라는 것을 확인했습니다. 그런데 사고 범주에 속하는 것들의 종류는 다양합니다. 그중에서도 주목할 만한 중요한 것으로 추론과 연산, 직관, 연상, 상상, 메타 사고 등이 있습니다. 추론이나 연산 및 계산은 기계가 실행하는 대표적인 사고입니다. 이 사고 영역은 수학적 사고와 논리적 추론의 대상이기도 하지요. 연산이야말로 기계가 정확하고 신속하게 인간보다 월등히 잘할 수 있는 것이기도 합니다.

그런데 인공지능은 어떤 문제에 대해 직관할 수 있을까요? 연산 이외에 인간이 가진 직관력을 인공지능 기계도 가질 수 있을까요? 직관의 사전적 정의는 추리나 판단 등의 사유 과정 없이 혹은 어떻게 지식이 취득되는가를 이해하는 과정 없이 대상을 직접적으로 파악하는 것을 말합니다. 즉 직관력은 증거나 의식적인 추론을 거치지 않고 어떤 대상에 대한 지식이나 문제의 답을 직접적이고 총체적으로 파악하는 능력입니다. 예를 들어, 어떤 복잡한 수학 문제를 보자마자 즉각적으로 정답이 떠오른 것은 수학적 직관의 한 사례입니다. 또한 직관력이 뛰어난 탐정은 범죄 현장을 보는 순간 바로 누가 범인인지 파악한다고 합니다. 논리적 문제를 보는 순간 수십 단계의 추론 과정을 건너뛰어 결론을 읽어내는 직관력도 가능합니다. 수학적, 논리적 직관 이외에도 도덕이나 예술 분야의 직관력에 대해서도 얘기할 수 있을 것입니다. 윤리학자들은 여러 가지 사고실험을 통해 우리의 도덕적 직관을 테스트하기도 하지요.

그런데 직관이 옳다는 것은 어떻게 증명할 수 있을까요? 수학적 답을 직관적으로 떠올렸다고 해서 그 답이 옳은 것은 아닙니다. 그 직관이 옳은지는 증명을 통해서 비로소 확인됩니다. 수학적 직관이 추론 과정 없이 직접적이고 총체적으로 도달한 결과라면, 역으로 결론에 이르는 추론의 과정을 보여줌으로써 그 직관이 증명될 수 있습니다. 이는 실제로 우리가 하는 방식입니다. 그 수학적 직관이 맞는지는 다시 추론의 과정을 통해 증명되어야 합니다. 물론 범인을 직관적으로 떠올린 탐정의 경우도 관찰된 사실과 추론과 검증 과정을 거쳐서 증명하는 것이 필요하겠지요. 직관은 오류일 수도 있고 편견일 가능성도 있기에 검증이 필요합니다. 인종과 성에 대한 도덕적 직관도 그 시대의 문화적 편견인 경우들이 많았다는 것은 잘 알려진 사실이지요.

그러면 인공지능도 직관적 사고를 할 수 있을까요? 바둑에서 이세돌과 대결했던 알파고를 예로 들어 설명해보지요. 바둑은

인공지능, 마음을 묻다

수를 읽는 계산 과정이 중심을 이룬다는 점에서 수학적 직관이 작용하는 게임이라 할 수 있습니다. 승리하기 위해서는 나의 수만이 아니라 상대의 수를 잘 읽어야 합니다. 유리한 고지를 점하기 위해 지금 두는 바둑 돌 한 점이 불러일으킬 상대의 방어와 공격에 대한 경우의 수를 읽어야 합니다. 아마도 이세돌이 인공지능 알파고를 이길 수 없었던 것은, 그 이후 어떤 인간도 알파고를 이길 수 없었던 것은 수를 읽는 계산능력과 추론능력에서 인간이 알파고를 따라갈 수 없기 때문일 것입니다. 직관이 추론의 여러 단계를 건너뛰어 결론에 도달하는 것이라면 인간이 추론으로 헤아리기 어려운 알파고의 수나 때로 수십 단계의 추리를 건너뛰는 듯한 빠르고 놀라운 바둑의 수는 직관적인 수로 보입니다.

과연 알파고가 둔 바둑의 수는 직관적인 수일까요? 인간의 수읽기를 훨씬 능가하는 인공지능의 착수는 직관력에 의한 것일까요? 엄청나게 빠른 연산과 추리로 순식간에 즉시 결론에 도달하는 것은 추리의 단계를 생략하고 직접 결론에 도달하는 직관과 유사해 보입니다. 분명 우리 인간에게는 직관처럼 보입니다. 하지만 그것이 대단히 빠른 연산과 추리를 거쳐 도달한 결과라면 알파고에게는 추론적 사고에 해당하겠지요.

그렇다면 어떤 경우에 알파고에게 직관력을 부여할 수 있을까요? 다음과 같은 상황을 가정해봅시다. 바둑판의 가로×세로의 줄을 더 늘린다면 한층 더 복잡해진 바둑판의 흐름에서 경우의 수는 상상할 수 없을 정도로 기하급수적으로 늘어날 것입니다(물론 지금의 바둑판에서도 경우의 수가 우주의 원자 수보다 많다고 말하기도 합니다). 원리적으로 이런 상황에서 제한된 시간 안에 다음 수를 두어야 한다면 알파고도 직관적으로 바둑돌을 둘 것입니다. 직관을 사용하는 것이 더 유리한 전략이 될 수도 있습니다. 즉 모든 경우의 수를 계산하는 것이 거의 불가능하고 또 추론을 거치기에 시간이 부족할 경우 답에 근접한 수를 직관적으로 선택해야겠지요. 또한 직관이 유리한 전략이 된다면 직관력을 훈련하는 것도 가능하겠죠. 이는 인공지능에게도 원리적으로 직관이 가능하다는 의미입니다. 그리고 인간의 직관과 마찬가지로 추론을 통해 직관이 맞는지 검증해야 하고, 그 결과 그것이 성공할 수도 실패할 수도 있겠지요. 직관에 대해 추론의 검증이 필요한 것은 인간이나 인공지능이나 마찬가지니까요.

그런데 인공지능의 수가 성공했으나, 즉 바둑의 승기를 잡는 최적의 훌륭한 수를 두었으나 그 계산과 추론 과정이 모두 추적되기 어려울 수도 있습니다. 다시 말해 맞는 답이 출력되었으나 어떻게 그 결과에 도달했는지 과정과 방법을 모를 수 있습니다. 그 계산과 추론 과정이 모두 증명되지 못할 수도 있겠죠. 그렇게 되면 인공지능의 출력이나 답에 대해 결과는 알지만 그 답에 도달하는 과정은 설명할 수 없게 됩니다. 바로 '설명 불가능

인공지능, 마음을 묻다

한 인공지능'의 문제입니다. 우리가 인공지능을 다 이해하지 못할 수 있다는 것입니다. 인공지능이 왜 그 수를 두었는지, 왜 그런 의사결정을 했는지 설명하거나 이해할 수 없는 것이지요. 이 주제는 인공지능 학습에서 다시 다룰 것입니다.

주관적 관점

우리는 어떻게 관점을 갖게 될까요? 한 주체가 자신의 관점 혹은 주관적 관점을 갖는다는 것은 무엇이며 어떤 조건이 필요할까요?

무언가에 대한 숙고는 대부분 지향적 사고들로 이루어집니다. 사고 내용 없이 현상적 의식만으로는 어떤 주제에 대한 생각을 전개하거나 심화시키는 등 사고의 진전이 이루어지지 않습니다. 명제 내용으로 이루어진 지향적 사고들은 체계를 형성하며, 체계 내적으로 의미들의 연관이 발생합니다. 사고 내용과 의미들 사이에서 추론과 함축, 일관성 등의 관계가 형성됩니다. 이런 방식으로 사고의 내용과 의미들이 모인 지향적 사고 체계는 상호 연관된 사고들의 총체적 구조 안에서 대상을 바라보는 시각을 갖게 해줍니다. 이렇게 형성된 총체적 사고 체계 안에서 세계관이나 가치관이 떠오릅니다. 관점이 생기는 것이죠. 예를 들어, 천동설을 믿는 중세 사람들과 지동설을 믿는 현대인은 각기 그것을 지지하는 다른 지향적 믿음 체계를 가지고 있기에 세계를 보는 관점도 달라집니다. 그리하여 서로 다른 인간관과 세계관을 갖게 되는 것이죠.

지향적 사고들이 모여 어떤 관점을 총체적으로 뒷받침할 때 지향적 사고 이외에 의식이 필요할까요? 하나의 관점으로 끌어오기 위해 의식이 있어야 할까요? 사고의 내용들을 총체적으로 연결해주는 것은 논리적 의미 연관성이지 의식이 아닙니다. 사고들 사이의 의미 연결이나 논리적 관계는 명제들 사이의 추론만으로도 가능해 보입니다. 욕구와 믿음과 의도 등의 대표적인 지향적 사고를 예로 들어봅시다. p를 원하고 그것을 성취할 가장 좋은 방법은 A라고 믿는 사람은 A를 하려고 의도할 것입니다. 여기서 욕구, 믿음, 의도는 모두 명제 내용을 갖는 지향적 사고입니다. 이들은 각기 하나의 사고이지만 그 사고 내용들은 논리적으로 연결되어 하나의 의미 체계를 이룹니다. 우리가 이유나 근거에 따른 사고를 하거나 합리적인 행위를 할 수 있는 것도 이처럼 사고들의 의미 연관성 덕분이지요. 여기에 어떤 특별한 현상적 의식이 작용하는 것은 아닙니다.

우리가 어떤 일이나 주제에 대해 특정 관점을 취하는 것은 이미 자신이 형성하고 있는 총체적인 지향적 사고 체계에 근거한 것입니다. 사람들마다 갖고 있는 사고 체계의 차이가 관점의 차이를 만듭니다. 여기에 지향적 사고 이외의 특별한 현상적 의식이 도입될 필요는 없습니다. 지향적 사고들만으로도 논리적 관계를 비롯한 여타의 관계를 통해 총체적인 체계가 형성되고 이로부터 관점이 생겨납니다. 낙관적인 관점을 지지해주는 지향적 사고 체계와 비관적 관점을 지지해주는 지향적 사고 체계의 차이는 사고 내용의 차이 때문이지, 각각의 관점에 대응하는 감각질의 낙관적인 의식이나 비관적 의식이 있기 때문은 아니라는 것입니다.

의식을 전제하지 않는 지향적, 기능적 사고만으로 관점을 가질 수 있다면 기능적 마음을 구현하는 인공지능도 관점을 가질 수 있습니다. 현상적 의식이 없는 인공지능도 지향적 사고 체계를 형성할 수 있다면 총체적인 사고 체계가 지지하는 모종의 관점을 갖는 것이 가능할 것입니다. 기계가 어떤 내용의 사고를 갖는지에 따라 특정 관점이 형성될 수 있을 것입니다.

그런데 기계가 주관적 관점을 가진다면 '나'라는 말을 사용하여 자신의 생각을 표현할 수 있어야 합니다. 적어도 그것은 주관적 관점의 중요한 특징을 보여주기 때문이지요. 그러면 인공지능은 '나'라는 일인칭 주어를 사용하여 자신에 대해 말할 수 있을까요? 이것이 '나'라는 말의 올바른 사용 방식을 배우는 것을 의미한다면, 비트겐슈타인의 언어 사용 규칙 개념을 빌려 충분히 설명할 수 있습니다. 비트겐슈타인에 의하면 한 단어의 의미를 이해하는 것은 언어공동체 안에서 그 단어의 사용 규칙을 배우는 것입니다. 규칙은 사적인 의식을 따르는 것이 아니라 공적으로 배울 수 있는 것이지요.

마찬가지로 '나'라는 말을 이해하는 것은 이 말의 사용 규칙을 안다는 것이고, 이 단어가 사용되는 방식과 규칙을 공적으로 익힘으로써 이 단어를 올바로 사용할 줄 안다는 것입니다. 이러한 공적인 규칙 따르기는 기능화할 수 있기에 기계도 '나'라는 일인칭 주어의 역할과 기능을 습득할 수 있습니다. 그렇게 되면 인공지능도 '나는 알파고다'와 같은 일인칭 주어 문장을 통해 자신의 관점을 표현할 줄 알게 될 것입니다. 이런 차원의 주관적 관점은 현상적 의식을 전제하지 않습니다. '나'라는 말의 사용이나 이해는 공적으로 접근 가능하고 또 그 말의 사용 규칙을 기능적으로 배울 수 있다는 것이지요. 그렇다면 주관적 의식이 없더라도 지향적 사고를 가지고 언어의 규칙을 배울 수 있는 인공지능은 주관적인 일인칭 관점을 가질 수 있을 것입니다.

3장

인공지능은
감정을
느낄 수 있는가

의식 없는 좀비

　고통은 직접 느끼는 것 외에는 그것이 어떤 것인지 설명하거나 기능화할 수 없습니다. 나의 고통을 느끼듯이 남의 고통을 직접 느낄 수는 없습니다. 우리는 남들이 고통을 호소할 때 나 같은 고통을 느낀다고 여길 뿐입니다. 그럼 기계는 고통을 느낄까요? 감정을 느낄 수 있을까요? 인간의 지적인 역할을 수행하는 기계를 만들듯이, 사람의 감정을 느끼는 기계를 만들 수 있을까요? 믿음과 욕구 등의 지향적 마음은 그것의 인과적 역할이나 기능을 찾을 수 있기에 그것을 따라하는 기계를 만들 수 있습니다. 기능주의에 의하면, 기계가 특정 심리 상태를 갖게 하려면 바로 그 심리 상태의 기능과 역할을 하도록 만들면 됩니다.

　하지만 내가 느끼는 감정들, 즉 찌르는 듯한 고통, 가슴이 쓰라린 후회, 메스꺼움, 노란색이 어떻게 보이는지 등의 현상적 의식은 어떤 느낌의 것인지 설명할 수도 없고 그 기능을 찾을 수도 없습니다. 기능화할 수 없는 감정은 기계가 따라할 수 없습니다. 그래서 고통을 느끼는 기계를 만들려면 어떻게 해야 할지 알지 못합니다.

　그런 이유로 기계가 감정을 느낄 가능성에 대해 대부분의 사람들은 일차적으로 부정적인 반응을 보입니다. 실제로도 인지

과학자들이 인공지능의 감정 문제를 오랫동안 연구해왔음에도 별다른 진전이 없었습니다. 그런데 2장에서 제시했던, 현상적 마음과 기능적 마음의 구분을 고려하면 조금 새로운 시각에서 이 문제에 접근할 수 있습니다. 그것은 감정의 표현에도 기능적인 부분이 있다면 기계는 그것을 표현할 수 있을 것이라는 아이디어입니다. 예를 들어, 고통의 경우 상처가 나서 아프다거나 신음한다거나 움츠리는 등 고통을 표현하는 행동을 할 수 있습니다. 사랑하는 사람에게 상처 준 것을 쓰라리게 후회할 경우에도 상처의 통증이나 쓰라림 등의 현상적 의식(혹은 감각질)은 기능화할 수 없을지라도 후회하는 내용에 대한 지향적 태도는 기능화할 수 있습니다.

　그러면 기계가 감정을 표현할 때, 의식이나 감각질 없이 감정을 표현한다는 것은 어떤 것일까요? 기능적 마음을 완벽하게 모방한 기계라면 의식이나 감각질이 없더라도 동일한 기능을 수행할 수는 있을 것입니다. 이는 우리와 동등하게 지적인 말과 행동을 하지만 내면의 감정이나 의식은 없는 좀비의 가능성을 상상하게 만듭니다. 좀비란 기능적으로 우리와 구분되지 않으나 느낌이나 의식을 결여한 존재, 즉 기능 면에서 우리와 동일하지만 의식이 없는 존재를 말합니다. 혹은 우리의 마음에서 현상적 의식이 제거되고 지향적, 기능적 마음만 가진 존재입니다. 이런 의미의 좀비를 이해하기 위해 다음의 경우를 상상해봅시다.

영희와 그의 기능적 쌍둥이 영희*가 있다. 둘은 기능적으로 동일하며 어떤 차이도 식별할 수 없다. 여기서 영희*는 두뇌가 실리콘으로 대체된 영희의 좀비라고 하자. 두뇌가 실리콘으로 대체된 영희*는 느낌이나 감각과 같은 현상적 의식이 완전히 상실되었다고 하자. 그 경우 영희와 영희*는 기능적으로 동일하지만 영희*는 영희와 달리 의식을 경험하지 못한다. 예컨대, 빨간 신호등을 보면 영희와 영희* 둘 다 기능적으로 동일하게 반응하며 입출력의 인과관계에서도 동일한 역할을 한다. 즉 둘 다 길을 가다가 빨간 신호등이 보이면 멈춰서고, 무슨 색깔을 보는지 물으면 "빨간 신호등"이라고 대답한다. 초록 신호등이 보이면 "초록 신호등"이라고 말하고 길을 건너간다. 하지만 영희의 좀비는 영희와 달리 색깔을 지각하지 못한다.

이 사고실험은 신호등의 색깔을 지각하지 못하면서도 신호등에 대한 인지적, 기능적 역할은 우리와 동등하게 수행하는 좀비의 가능성을 보여줍니다. 여기서 관찰 가능한 인과적 역할과 기능 면에서 좀비는 우리와 완전히 동일하기에 외형적으로 우리와 좀비는 구분되지 않습니다. 좀비는 감각질이나 의식이 없을 뿐 지향적, 기능적 마음을 동등하게 가지고 있으므로 상처를 입으면 우리처럼 고통을 호소하고 고통의 행동을 표출합니다.

모든 심리 현상에 대해서 우리처럼 말하고 행동하고 표현합니다.

이 점에서 좀비는 영화 속에 등장하는 좀비들과 다릅니다. 정상적인 사람들과 달리 생기가 없거나 의식이 텅 비어 있는 듯이 행동하는 영화 속의 기괴한 존재를 상상했다면, 사실상 그것은 좀비가 아닙니다. 좀비는 객관적으로, 기능적으로 우리와 동일한 방식으로 원하고 믿고 말하고 반응하고 행동함에도 불구하고 다만 의식을 지니지 않은 존재를 가리킵니다. 그러니까 사실상 좀비는 기괴스럽지도 않고 우리와 다르게 보이지도 않습니다. 따라서 우리들 중에서 누가 좀비이고 좀비가 아닌지 식별할 수 없습니다. 좀비는 의식이 결여되었지만 우리와 동일한 행동적, 인지적 기능들을 갖기에 우리는 누가 좀비인지 알아챌 수 없는 것이죠.

이번에는 기능적으로 우리의 마음과 완벽하게 동등한 인공지능 기계를 만들었다고 해보죠. 우리와 동일하게 사고하고 행동하는 기능적 쌍둥이인 인공지능 로봇이 가능하다면, 이 기계는 의식을 갖게 될까요? 만일 기계가 지향적, 기능적 마음에서 우리와 동등하지만 현상적 의식이 없다면 그것은 앞의 사고실험에서 상정했던 좀비와 유사해 보입니다. 그렇다면 우리처럼 감정을 표현하는 인공지능은 감정을 갖는 것일까요? 아니면 좀비에 불과한 것일까요? 예컨대, 우리의 마음과 기능적으로 동

인공지능, 마음을 묻다

등한 인공지능이 표현하는 죽음에 대한 두려움이 진짜 두려움일까요? 우리는 기계도 두려움을 느낀다고 생각하게 될까요?

할의 두려움

감정에도 기능화 가능한 부분이 있다면 인공지능은 비록 감각질이 없을지라도 기능화되는 한도에서 감정을 표현하는 행동을 할 수 있을 것입니다. 그러면 기계가 감정을 표현할 때 의식이나 느낌 없이 감정을 표현한다는 것은 어떤 것일까요? 예컨대, 두려움의 느낌은 없지만 두려움을 표현하는 기계를 어떻게 볼 수 있을까요?

스탠리 큐브릭 감독의 영화《2001 스페이스 오디세이》(1968)에 나오는 인공지능 할HAL 9000의 경우를 예로 들어봅시다. 이 영화에서 인공지능이 죽음의 공포를 표현하는 장면은 퍽 인상적입니다. 영화에서 목성으로 향하는 우주선 디스커버리호에는 선장인 데이브 보먼과 프랭크 풀 그리고 인공지능 컴퓨터 할이 타고 있습니다. 항해하는 도중 우주선에서 인공지능 할의 반란이 일어납니다. 선장은 인공지능을 제압하고 그 작동을 멈추기 위해 전선을 분리하기 시작합니다. 인공지능 할은 자신의 생명줄이 제거되는 것을 보면서 죽음의 공포와 두려움의 감정을 표현합니다. 이때 할이 느끼는 두려움은 무엇일까요? 이 경우 인공지능이 묘사하는 감정은 무엇일까요?

두 가지 방향의 답변이 가능한 것 같습니다. 하나는 인공지능이 두려움을 표현하지만, 내면적으로 두려움의 감정을 느끼는 것은 아니라는 것입니다. 다른 하나는 인공지능이 두려움에 대한 기능적 역할을 충분히 수행한다면 두려움의 감정을 부여할 수 있다는 입장입니다. 후자의 입장은 죽음의 두려움이라는 감정을 그것의 인과적 역할과 기능으로 정의합니다. 즉 죽음의 공포는 생명줄의 끊김에 의해 야기되고 공포를 표현하는 행동(예컨대, '나는 두려움을 느낀다'는 언어의 발화 행동)을 야기하는 내적 상태입니다(감정이나 심리 상태를 입력과 내적 상태와 출력 사이의 인과관계로 정의하는 기능주의 입장을 상기해보세요!). 인공지능 할은 자신의 존재를 유지해주는 전선이 끊기는 것을 보고 자신이 사라질 위험을 인지하고는 급기야 죽음의 공포를 표현하며, "나는 두려움을 느낀다"라고 말합니다. 그리고 죽음에 저항하며 선장의 마음을 돌리기 위해 설득하거나 반성하거나 타협하는 말로 그의 행동을 만류하려고 합니다. 여기서 인공지능 할의 믿음, 소망, 의도, 언어 표현 등은 인지적, 기능적, 지향적인 것으로서 기능화 가능합니다. 두려움의 내적인 질적 상태는 기능화되지 않을지라도 지향적 측면은 기능화할 수 있습니다.

죽음의 두려움에 대응하는 인공지능 할의 지향적 태도들은

인공지능, 마음을 묻다

인간의 경우와 기능적으로 매우 유사합니다. 예컨대, 중증 환자가 의료장치에 연결되어 생명을 유지하는 상황을 상상해봅시다. 호흡기를 제거하면 죽는다고 믿는 환자는 누군가 자신의 호흡기를 제거하는 것을 보면 자신의 죽음이 임박했다고 생각하고 죽음의 두려움을 느낄 것입니다. 인공지능 할의 경우도 마찬가지입니다. 자신의 존재를 유지시켜주는 전선들이 끊겨나가는 것을 보면서(입력) 죽음이 두렵다고 말하는(출력) 인공지능에 대해 우리는 기계도 (비록 두려움의 느낌 같은 감각질을 확인할 순 없을지라도) 죽음을 두려워한다고 말할 수 있지 않을까요? 중증 환자의 경우와 할의 경우 죽음의 두려움에 대한 기능적 상태는 동등합니다. 두 경우 모두 죽음의 공포를 인정하는 것이 설득력 있다면 (감각질의 유무를 떠나서) 기능화 가능한 지향적 마음으로도 인공지능 할에게 죽음의 두려움을 귀속하는 것이 어느 정도는 타당해 보입니다.

이는 무엇을 말해주는 걸까요? 우리의 감정도 기능화할 수 있는 부분이 있다는 것, 그리하여 기능적 마음으로 어느 정도 감정을 표현할 수 있다는 것을 보여줍니다. 또한 이는 감정에는 기능적 부분과 현상적 부분이 공존한다는 것을 보여주며, 감정도 현상적 의식의 잔여물을 제외하면 기능화 가능하며 기계가 모방할 수 있다는 것을 함축합니다. 감각질은 주관적으로 느끼는 경험이어서 어느 누구도 공유하거나 접근할 수 없을지라도 결국 기능화할 수 있는 마음 덕분에 우리는 타인의 고통이나 슬픔, 두려움 등의 감정을 이해할 수 있는 것입니다. 우리는 기계든 타인이든 마음의 기능(역할과 인과관계)을 보고 그 마음 상태를 인지할 수 있을 뿐이기 때문입니다.

두 가지 방향

이를 토대로 우리는 인공지능의 감정에 대해 두 가지 방향의 흐름을 읽을 수 있습니다. 하나는 인공지능 할의 두려움이 지향적 마음을 통해 인간만큼 기능적으로 잘 표현된다면 두려움의 감정을 어느 정도 부여할 수 있다는 것입니다. 이는 인공지능도 어느 정도의 수준에서 (인간보다는 약하지만) 감정을 '느낀다'고 보는 입장이지요. 다른 하나는 인공지능 할의 두려움은 인지적, 기능적 마음의 표현에 불과하다는 것입니다. 인공지능이 표현하는 감정은 내면의 질적 느낌이 없는 것이며 인공지능은 마음의 의식이 텅 빈 좀비에 불과하다는 입장입니다.

우리는 이 지점에서 인공지능의 의식에 관한 중간 결론을 얻을 수 있습니다. 그리고 이 중간 결론이 제시하는 두 가지 방향에서 인공지능의 미래를 탐색해볼 수 있습니다.

첫째, 감정을 최대한 기능화할수록 인공지능은 감정을 더 잘

인공지능, 마음을 묻다

구현하고 점차 인간의 의식에 가까워진다는 것입니다. 그리하여 인공지능 기술이 발전하면 의식을 갖는 기계가 나올 수도 있다는 것이지요. 인공지능이 진화하여, 두뇌 신경망을 모의한 연결기계 및 두뇌 신경망의 인과력을 복제한 인공지능 기계가 나온다면, 인공지능도 반성적 성찰과 의식을 가질 수 있을 것이라고 기대하는 것입니다.

둘째, 기능화되지 않는 의식의 잔여물(감각질)이 있을지라도 그것은 아무런 인과적 역할이 없다는 점에서 있으나 마나 한 잉여물입니다. 어쩌면 인간이 느끼는 의식은 환상에 불과할지도 모른다는 의견을 표명하는 학자들이 있습니다. 기능적 마음 이외에 인간의 감각질과 의식은 일종의 환각이라는 의식의 제거주의 입장입니다. 즉 의식은 실재하지 않으며 기계가 의식이 없듯이 인간도 의식이 없다는 것이지요.

흥미롭게도 인공지능의 의식을 바라보는 두 가지 방향은 모두 '인간과 기계는 닮아간다'는 점에서 공통적입니다. 인간과 기계 사이의 질적인 차이를 강조하기보다 유사한 존재로 보기 시작했다는 것입니다. 즉 기계와 인간 둘 다 의식을 갖거나 둘 다 의식이 없다는 생각이 부상하고 있습니다. 하나는 기계를 인간적으로 보는 것이고, 다른 하나는 인간을 기계처럼 보는 것입니다. 과연 인공지능 시대가 도래하고 있음을 보여줍니다.

공감

  그러면 인공지능은 공감할 수 있을까요? 누군가의 고통과 슬픔을 이해하고 공감하며 대화할 수 있을까요? 그리하여 고통받는 사람의 이야기를 듣고 위로하거나 상담할 수 있을까요? 앞에서 살펴본 대로 기쁨과 슬픔, 실망과 좌절 등의 감정에도 기능적인 부분이 있고 인공지능이 그것을 구현할 수 있다면 인공지능은 그런 감정을 이해하는 것이 원리적으로 가능합니다. 그렇다면 비록 인공지능이 감각적 의식은 없을지라도 적어도 이들 감정이 일어나는 원인과 결과들, 즉 입력과 출력에 해당하는 기능들을 통해 이 감정에 대한 기능적 이해와 공감이 가능하리라는 것을 추측해볼 수 있습니다.

  얼핏 생각하면, 누군가를 공감하려면 상대가 느끼는 바로 그 감정을 느낄 수 있어야 할 것 같습니다. 그리하여 느낌이 없는 인공지능은 공감할 수도 없으리라고 추측합니다. 하지만 감각질이나 느낌이 없다고 해서 공감능력이 없는지는 그리 분명치 않습니다. 공감이란 무엇인가요? 둘 이상의 사람이 같은 감정을 공유하는 것입니다. 누군가를 공감하며 감정을 공유한다는 것은 그 감정이 어떤 것인지 이해하는 것이며, 그런 감정을 갖게 된 이유들의 공간을 공유하는 것입니다. 즉 우리는 상대방의 고난과 불운, 기쁨과 슬픔 등의 이유를 공유함으로써 그의 감정

인공지능, 마음을 묻다

을 이해하고 공감할 수 있습니다.

　그러면 내가 누군가의 감정을 공유하는 것이 어떻게 가능할까요? 또한 이유의 공간을 공유한다는 것은 무엇이며, 구체적으로 어떤 과정을 거쳐 공감이 이루어질까요? 우리의 행동, 사고, 감정에는 나름의 이유가 있습니다. 그 이유들이 모여 이유의 공간을 형성하겠지요. 각자에게 '이유의 공간'이 있다는 것은 우리가 합리적 존재임을 보여줍니다. 우리의 감정이나 행위가 무작위로 일어나는 것이 아니라 대체로 이유를 통해 이루어진다는 것이지요. 그래서 우리가 다른 사람을 이해하는 방법은 그의 행위와 사고와 감정의 이유를 아는 것입니다. 그렇게 행위의 이유를 알게 되면 상대의 행위를 이해하게 됩니다. 마찬가지로 그 사람이 기뻐하거나 슬퍼하는 이유를 알게 되면 그의 기쁨이나 슬픔의 감정을 이해하게 됩니다.

　그리고 우리가 상대의 이유 공간을 공유한다는 것은 이런저런 이유(욕구와 믿음 등)를 가진 상대의 입장이 되어보는 것입니다. 즉 그 사람의 입장에 서서 그 상황에서 내가 그런 이유들을 가지고 있다면 어떻게 느낄지 추론함으로써 상대가 느끼는 감정을 시뮬레이션하는 것입니다. 여기서 시뮬레이션이란 나를 그 사람의 입장에 놓고 어떤 이유들로부터 그 감정이 나오는지 그 사람의 실천 추론을 스스로 재구성해보는 것을 말합니다. 그렇게 하여 나는 그 사람이 느끼는 감정을 공유하게 됩니다. 공감이 이루어지는 것이죠.

정리하자면 공감은 다른 사람의 이유의 공간에 들어가 그 사람의 입장이 되어서 (즉 일인칭 관점에서) 그 감정을 추론함으로써 그 사람의 감정을 공유하는 것입니다. 이유의 공간은 보통 욕구와 믿음 등의 지향적 태도들로 이루어집니다. 따라서 공감은 감각질을 전제하지 않으며 적어도 감각질 없이도 이유를 공유함으로써 공감이 가능하다고 보는 것이 적절해 보입니다. 감각질이 없다고 공감이 없는 것은 아니라는 뜻입니다. 그렇다면 지향적, 인지적, 기능적 이해에 바탕을 둔 인공지능의 공감은 여전히 가능할 것입니다.

그리하여 우리는 타인의 감정을 직접 느낄 순 없지만 타인과 서로의 고통과 슬픔을 함께 나누며 공감할 수 있습니다. 이는 그 감정을 불러일으키거나 그와 연루된 지향적 마음의 공유를 통해서도 공감이 가능하다는 것을 보여줍니다. 그렇다면 인공지능 역시 같은 방식으로 어떤 사람의 슬픔과 기쁨의 동질적 감정을 느끼는 건 아닐지라도 상대가 왜 그런 슬픔과 기쁨을 느끼는지 그 이유를 이해함으로써 상대의 감정을 공감할 수 있을 것입니다.

앞 장의 논의에 의하면 기능적 마음을 가진 인공지능은 우리가 왜 슬퍼하는지, 즉 슬픈 이유에 대해서는 인지하고 이해할 수 있습니다. 슬픔의 이유는 사고 내용을 가진 지향적 마음으로 기능화할 수 있기 때문이지요. 물론 슬픔의 감각에 해당하는 감각질이나 의식은 없을지라도 슬픔이 지향하는 사고 내용에 대해서는 충분히 이해할 수 있는 만큼 이해에 바탕을 둔 공감이 가능할 것입니다. 인공지능 할의 경우에 두려움의 감각질을 느끼는지와 무관하게 자신의 죽음(비존재)이 도래했다는 것에서 오는 두려움의 상태를 인지하고 공유할 수 있는 것과 유사합니다. 그렇다면 의식과 감각질이 없는 인공지능 기계라 할지라도 인간의 지향적, 인지적, 기능적 마음을 모방하고 공유할 수 있다면, 그리하여 다른 사람의 이유들의 공간을 공유할 수 있다면, 그것이 공감을 가능하게 해줄 것입니다. 즉 인공지능도 타인의 마음을 기능적으로 이해할 수 있는 만큼의 공감은 가능합니다.

상담사 일라이자

그렇다면 구체적으로 인공지능은 어떤 방식으로 공감할 수 있을까요? 먼저 내담자의 감정을 그대로 수용하는 듯 그의 감정 발화를 따라 긍정하며 모방하는 인공지능, 그런 방식으로 공감적 대화를 모방하는 인공지능을 생각해볼 수 있습니다. 실제로 대화 상대자의 말을 따라하는 단순 모방을 통해 공감능력을 인정받았던 인공지능이 있습니다. 심리상담사 채팅 봇bot으로 이름을 떨쳤던 일라이자의 사례입니다.

1966년 미국 엠아이티MIT의 조지프 와이젠바움 박사는 일라이자라는 '컴퓨터 심리상담사'로 불리는 인공지능 프로그램을 개발했습니다. 일라이자는 수많은 패턴 대응 규칙을 갖추고 사람이 키보드로 입력한 질문의 패턴에 맞추어 대답하도록 설계되었습니다. 인공지능 일라이자는 상대의 말에 들어 있는 감정이나 생각의 단어들을 가지고 되묻는 패턴으로 대응했지요. 앵무새처럼 되묻는 대답이 많았음에도 일라이자는 인기를 끌었습니다. 사람들은 일라이자가 자신의 말을 잘 들어주고 심지어 공감해준다고 느끼기도 했습니다. 그중에는 일라이자를 인간이라고 믿어 몇 시간씩 대화한 사람도 있었다고 합니다. 일라이자는 부분적으로 튜링 테스트를 통과할 정도의 상담사 역할을 수행했다는 것을 보여줍니다.

인공지능 일라이자는 어떻게 상담한 것일까요? 그리고 일라이자와 대화했던 사람들은 어떻게 인공지능이 자신에게 공감한다고 느낄 수 있었을까요? 일라이자의 대화 방식은 다음처럼 내담자의 말을 따라하는 모방의 방식이었습니다.

내담자: 전 우울해요.
일라이자: 우울하다고요? 안됐군요.

내담자: 도움이 필요해요.

일라이자: 도움이 필요하다고요? 어떤 도움이 필요하죠?

내담자: 엄마가 미워요, 원망스러워요.

일라이자: 엄마가 밉고 원망스럽군요.

내담자: 시험에 몇 번이나 떨어져 실망, 좌절했어요.

일라이자: 시험에 떨어져 실망했군요.

내담자: 나에게 그런 대우를 하다니, 화가 나요.

일라이자: 그랬군요. 정말 화가 날 만하군요.

이러한 상담은 인공지능이 내담자의 말을 모방하도록 프로그램함으로써 상대의 말을 따라하는 것만으로 수행됩니다. 이런 방식으로 대화하는 인공지능은 내담자의 감정을 있는 그대로 수용하고 인정하는 듯 보입니다. 상대의 말을 받아서 그대로 긍정해줌으로써 내담자에게 공감받는 느낌과 위로를 주는 상담사의 역할을 합니다. 내담자의 말을 따라하는 모방과 반복의 기능만으로도 내담자의 말을 들어주고 위로하는 수준의 상담 기능을 하게 된 것이지요. 내담자의 말을 모방하여 되묻는 방식의 인공지능 상담은 내담자의 감정을 확인·수용·공감하며, 개입하여 말하기보다 주로 들어주며 내담자에게 말하도록 하는 역할에 비중을 두는 심리상담의 경우와 부분적으로 잘 부합하는 듯합니다. 아마도 일라이자가 인기를 끈 것도 그 인공지능 프로그램의 작동 방식이 마치 공감 매뉴얼에 따라 되물으며 반응하는 심리상담사의 이미지와 잘 들어맞았기 때문일지도 모릅니다.

여기서 더 나아가 인공지능 상담이 사용자의 성격이나 생활방식, 행동 패턴을 학습하고 이를 기반으로 사용자와의 공감을 높이는 대화 패턴을 찾아 개인화된 소통을 수행할 수 있다면 내담자와 정서적인 유대감을 형성할 수도 있을 것입니다. 이는 고객의 데이터를 구축하고 피드백하는 긴밀한 소통을 함으로써 개인 내담자에게 적합한 인공지능 상담 로봇이 가능하리라는 것을 보여줍니다.

그럼에도 인공지능의 공감능력에 대한 우리의 질문은 일라이자와 같이 상대의 말을 따라 모방하는 것이나 축적된 데이터에서 공감적인 대화 패턴을 찾아 기계적으로 반응하는 것에 한정되지 않습니다. 이런 수준의 상담을 진정 공감하며 나누는 대화라고 하기에는 미흡해 보입니다. 오히려 우리의 질문은 인공지능이 내담자의 고난과 불운의 감정을 담은 발언을 이해하며 공감할 수 있는가 하는 것입니다. 즉 반복과 모방의 수준을 넘어서서 인공지능이 내담자의 고민과 고통을 이해하고 공감하며 문제의 해결에 도움을 주는, 보다 진전된 방식의 상담이 가능할까요? 그런 진전되고 심화된 상담을 인공지능이 수행할 수 있을까요?

상담

이런 방식의 상담은 단지 긍정하기를 따라하는 수준을 넘어서서 내담자의 고민과 고통과 문제를 이해하고 공감하며 상담하는 것을 말합니다. 그렇게 하기 위해서는 어떤 접근이 필요할까요?

단순히 감정의 모방이나 질문에 따르는 답변의 패턴 찾기가 아니라 인공지능에게 감정을 기능적으로 이해시키는 방식이 있습니다. 이는 인공지능이 내담자가 말하는 감정을 이해하며 응답하는 상담을 모색하는 것입니다. 앞에서 설명한 공감 모델에 따라 인공지능이 사람의 감정을 이해하고 공감하는 것을 배우게 하는 것입니다. 즉 상대방의 입장에서 그의 이유를 받아들여 실천 추론을 구성하는 시뮬레이션 모델을 통해 공감을 학습하는 것입니다.

나아가 인공지능으로 하여금 상담에서 쓰이는 공감이 필요한 감정의 언어들을 이해하고 배우게 하는 방법이 있습니다. 특히 내담자가 사용하는 감정이나 공감의 언어들, 한 사람의 인격과 관련한 특성이나 성향을 나타내는 언어들을 인공지능과 소통할 수 있는 방식으로 기능화하는 것입니다. 그리하여 상담에서 사용하는 공감의 언어를 인공지능이 자율적으로 학습하고 이해하도록 하는 것이지요. 이는 인공지능이 의식과 감각질을 느끼지 않고도 기능적 마음으로 소통하고 공감할 수 있는 길을 찾는 것입니다.

상담에서 내담자들이 사용하는 말들 중에 대표적으로 기쁨, 분노, 슬픔, 두려움, 침울, 우울, 후회, 비탄, 당황, 실망과 좌절, 원망 등은 명제적 사고 내용을 지닌 지향적 태도와 더불어 질적인 느낌이 동반되는 듯한 심리 상태들입니다. 감정이나 정서적 태도 이외에도 정직함, 재치 있음, 강박관념에 사로잡힘, 내향성 등과 같은 사람의 성격적 특성이 있습니다. 또 부지런함, 세심함 등의 성향이나 습관, 지적 능력 등이 있습니다. 이런 것들은 특정 종류의 욕구나 믿음 성향을 가지고 설명될 수 있다는 점에서 지향적 마음에서 파생되는 심적 특성이라 할 수 있습니다.

여기서 예시한 감정과 정서, 성향과 성격을 나타내는 언어들은 욕구와 믿음의 지향적 상태로 기술함으로써 기능적으로 정의할 수 있습니다. 예를 들어보죠. 정직함이란 진리를 말하거나 다른 사람을 잘못 인도하지 않으려는 욕구를 형성하고 자신이 믿는 바를 사실대로 말하려는 성향으로 정의할 수 있습니다. 대략적으로, 실망은 소망하는 바와 그 기대가 무너졌다는 믿음입니다. 좌절은 희망이 사라졌고 앞으로 다시 복구할 수 없다는 믿음이나 더 이상 기대의 여지가 없다는 믿음으로 정의할 수 있겠지요. 이처럼 기능적으로 정의된 감정이나 성향은 기능적 마

인공지능, 마음을 묻다

음을 가진 인공지능이 학습하고 이해하는 것이 가능할 것입니다. 이들 감정에는 질적인 느낌이 동반되기도 하지만, 더 중요한 것은 대부분의 감정이나 정서적 태도는 사고 내용을 가진 인지적, 지향적 태도라는 것입니다. 이런 지향적 심리 상태는 입력과 출력 관계로 기술되는 기능 상태로 접근할 수 있는 기능적 마음이기도 합니다. 그리하여 인공지능이 배우고 이해할 수 있는 영역입니다.

이와 같이 인공지능이 공감의 언어를 이해하고 배울 수 있다면, 즉 상담 과정에서 내담자가 고통스러운 마음을 표현하는 감정의 언어들, 예컨대, 후회, 염려, 좌절과 실망, 원망과 분노, 안타까움, 부당함 등을 기능적으로 정의할 수 있다면 인공지능은 내담자의 감정들을 이해할 수 있고 그만큼 공감할 수 있을 것입니다. 그때가 되면 일라이자와 같이 기계적으로 모방하는 방식이 아니라 내담자의 말을 듣고 이해함으로써 인간처럼 자연스럽게 반응하고 공감하며 대화하는 인공지능 상담도 가능하리라 예상됩니다.

마지막으로 '고통의 부조리함'에 대한 물음을 제기하며 이 장을 마치도록 하지요. 부조리한 고통의 문제는 상담에서 직면하는 가장 심오한 문제 중 하나일 것입니다. 예컨대, 부조리한 고통을 상징하는 〈욥기〉의 주인공, '고통받는 의인'으로서 욥의 항변을 인공지능은 이해할 수 있을까요? 즉 감정의 기능적 정의를 토대로, 인공지능은 '저 사람은 신실하고 정직하게 살았는데 불운과 고난을 겪는다는 것'을 이해하고 이를 공감할 수 있을까요? 부조리와 연루된 감정과 개념들을 기능화할 수 있다면 인공지능도 그런 고통을 호소하는 내담자를 어느 정도 공감하고 위로할 수 있을지 모르겠습니다. 인공지능 상담의 깊이가 어느 정도에 이를 수 있을지는 열어두는 것이 낫겠지요. 사실 그 가능성 못지않게 인공지능은 '삶의 부조리'처럼 답이 없는 물음을 가지고 씨름하는 내담자와 어떻게 대화하고 상담할 수 있을지가 더 흥미롭습니다. 사람은 답이 없는 문제에도 매달리지만 인공지능도 그럴 수 있을까요? 답이 없는 질문이나 출력 값이 없는 과제 수행이 어쩌면 인공지능에게는 부조리한 상황일지도 모르겠습니다.

4장

인공지능은
생명과
개성을
가질 수 있는가

생물학과 전자공학

　노버트 위너는 정보의 소통에 관한 새로운 통합 학문으로 사이버네틱스를 창립했습니다. 사이버네틱스는 기계가 변화하는 환경 속에서 어떻게 자신을 조절하는가에 관한 이론입니다. 그것은 환경으로부터 입력되는 새로운 정보를 계속 피드백하면서 그 시스템이 환경에 다시 적응해나가는 자동조절 순환 과정을 통해 기계의 목적 지향적 동작을 설명합니다. 자동온도조절장치를 예로 들어 설명해보지요. 그것은 실내온도를 일정 수준으로 조정하기 위한 것입니다. 실내의 온도가 내려가면 이 장치는 난방기를 가동시켜 지정된 온도에 이를 때까지 계속 가열합니다. 그다음 실내온도가 오르면 다시 온도가 떨어져 열이 필요할 때까지 난방기를 꺼둡니다. 이것이 자동온도조절장치가 실내 환경과 지속적으로 피드백하며 온도 유지라는 목적을 달성하는 방식입니다.

　여기서 모든 목적 지향적 동작은 기계와 변화하는 환경 사이에서 주고받는 정보처리 결과로 설명됩니다. 위너는 《사이버네틱스》라는 저서 초판에 "동물과 기계에 있어서 제어와 통신"이라는 부제를 달았습니다. 이는 사이버네틱스의 원리들이 기계공학 분야에서 생명과학 분야로 확대되어 적용될 수 있다는 확신을 보여줍니다. 그는 엄밀한 수학적 분석을 통하여 생물학을 공학적 용어로 재기술함으로써 공학과 생물학의 통합을 꿈꾸었던 것입니다.

사이버네틱스에 따르면 정보의 소통이라는 측면에서 인간과 동물과 기계는 구분 없이 동일한 원리를 따릅니다. 인간과 기계는 모두 정보의 프로그램이며 의사소통하는 정보처리 시스템이라는 점에서 동등합니다. 인간이 특수한 정보처리기계라면, 정보기계 역시 특수한 인간으로 보는 것이지요. 여기서 기계는 인간과 동등하거나 유사한 것으로 간주되는 동시에 인간도 기계의 관점에서 탐구하는 길이 열립니다. 이는 기계와 인간 유기체(혹은 두뇌 신경망)가 동등하다면 두뇌 기능을 모방한 전자기계나 인공두뇌를 만들 수 있다는 생각을 지지해줍니다. 그런데 인간처럼 사고하는 기계를 공학적으로 구현한다는 것은 무슨 의미일까요? 또 그것이 어떻게 가능할까요?

기계가 외부 환경으로부터 정보를 받아들이고 자체적으로 정보처리 과정을 거쳐 어떤 목적을 달성하기 위한 동작을 한다는 것은 기계로 하여금 그렇게 하도록 지시하거나 명령하는 (또한 제어하고 통신하는) 프로그램을 내장하고 있다는 의미입니다. 마찬가지로 인간도 정보처리기계처럼 행동한다는 것은 인간 역시 그렇게 행동하도록 제어하고 명령하는 역할을 하는 두뇌 신경망 체계를 갖고 있다는 의미입니다. 이를 앞에서 다루었던 기능주의 방식으로, 나아가 기능적 환원의 방식으로 설명해봅시다.

두뇌 신경망과 기계가 기능적으로 같은 역할을 할 수 있다는 것은 무슨 뜻일까요? 모든 기능적 체계는 입력과 내부 과정과 출력 사이의 인과관계로 이루어집니다. 만약 입력 신경의 꺼짐/켜짐 유형을 계산기계의 입력 기호와 유사한 것으로 간주하면 출력 신경의 진동 유형은 기계의 출력 기호에 해당됩니다. 또 신경들의 연결 방식과 작용이 계산기계의 프로그램과 동일한 역할을 수행하면서 그런 출력을 일으키도록 하는 셈이 됩니다.

이때 신경 회로망과 계산기계가 같은 역할을 수행하며 기능적으로 동등하다면 두뇌 신경망과 계산기계 중 한쪽에서 할 수 있는 것은 다른 한쪽에서도 할 수 있습니다. 즉 어떤 심적 상태를 실현시키는 신경 회로망의 어느 단계가 할 수 있는 것은 계산기계도 할 수 있다는 것이지요. 물론 그 반대의 경우도 성립합니다. 예컨대, 바다로 여행 가는 것을 생각하는 심적 상태에 대응하는 (혹은 심리 상태를 실현하는) 신경 상태는 계산기계의 프로그램의 어느 단계에 해당합니다. (2장에서 설명했던) 기능적 환원의 방식을 상기해보면 특정 심리 상태는 그것의 물리적 실현자인 두뇌 신경 상태와 동일하고 다시 그와 기능적으로 동등한 전자 상태와 동일하다고 볼 수 있습니다. 그리하여 두뇌 신경망에서 실현되는 동일한 심적 상태를 계산기계에서도 실현시킬 수 있겠지요. 이와 같은 방식으로 우리의 정신생활을 담당하는 두뇌 신경 상태의 모든 단계나 과정들이 원리적으로 계산기계의 인공지능 프로그램에서도 구현될 수 있습니다.

그리고 전기장치를 사용한 신경 회로망과 계산기계의 제작이 가능하고 심적 상태에 대한 전기기계 이론(즉 심리 상태와 전기기계 상태 간의 법칙과 이론)이 제공될 수 있다면 이는 어떤 의미에서 전자공학이 생물학과 동등하다는 것을 보여줍니다. 즉 인간 두뇌를 구성하는 신경들의 상호 연결 방식과 기능적 구조가 두뇌에 사고력과 인지능력을 부여하는데, 우리가 전자신경을 두뇌 속 방식으로 연결한 전자장치를 만들 수 있다면 사람의 두뇌 안에서 일어나는 것과 똑같은 종류의 사고와 법칙을 구현할 것입니다. 이것은 원래 튜링의 아이디어이기도 했지요. 이런 기계는 두뇌와 똑같은 기능을 수행할 것입니다. 사이버네틱스가 꿈꾸던 인공두뇌가 가능해지는 것이지요.

그렇다면 기계가 유기체와 기능적으로 동등하다면 인간처럼 사고하고 목적을 위해 행동할 뿐만 아니라 인간 유기체와 마찬가지로 하나의 생명체로 살아 있는 것이라고 볼 수 있을까요? 즉 인공지능은 생명을 가질 수 있을까요?

인공지능, 마음을 묻다

생명

오늘날 생물학은 전자공학 및 정보공학과 결합되어가고 있습니다. 생물학에 이미 공학의 언어가 도입되고 있습니다. 생물학이 공학의 용어로 번역될 수 있다면 생명현상도 공학의 언어로 새롭게 정의될 수 있겠지요. 현대 과학은 생명현상을 설명하기 위해 정보, 암호해독, 에러, 정보의 저장과 활용, 실행 등의 용어들을 사용하고 있습니다. 이렇듯 생명은 전통적인 개념에서 벗어나 새로운 방식으로 다시 정의되고 있지요.

생물학자를 비롯한 많은 과학자들은 생명체나 살아 있는 유기체를 정보 시스템으로 간주합니다. 즉 정보를 흡수하고 저장하고 받아들인 정보에 따라 자신의 행동을 변화 조정하며 이런 정보들을 감지하고 조직하기 위한 특수한 기관을 가진 시스템으로 간주합니다. 살아 있는 유기체를 정보 시스템이라고 말하는 것은 유기체가 정보처리 과정을 제어하고 지시하는 명령이나 프로그램의 집합이라고 말하는 것과 같지요. 여기서 생명의 핵심은 더 이상 생명의 활기, 생기, 따스함, 호흡 등이 아니라 정보의 저장과 이용, 전달능력, 자기 복제 및 재생산에 있습니다. 생명이나 유기체는 정보의 다발이며 또한 정보 시스템이라는 점에서 컴퓨터/기계나 유기체/동물이나 인간 사이에 근본적인 차이가 없습니다. 이와 관련하여 리처드 도킨스는 "모든 생물의 핵심에 있는 것은 생기, 따스한 호흡, 생명의 활기가 아니다. 그것은 정보, 언어, 명령들이다. 생물을 이해하려면 떨고 진동하는 젤이나 분비물을 이해할 것이 아니라 정보기술을 이해해야 한다"고 말합니다.

폰 노이만은 유기체의 논리적 형식이 그것을 구성하는 물질적 기초로부터 분리될 수 있다고 가정했습니다. 이는 생명의 형식과 질료 혹은 기능과 질료를 구분해서 바라보는 것이지요. 이 구분에 근거하여 생명(즉 살아 있음)은 질료의 속성이 아니라 형식의 속성이라는 아이디어가 성립합니다. 이제 생명의 새로운 정의는 질료가 아니라 형식과 기능을 중요시합니다. 여기서 '생명은 유기체'라는 오래된 고정관념이 깨어지는 것이죠. 이런 관점에서 보면 생명과 비생명의 구분은 유기질과 무기질의 차이와 무관합니다. 또한 정보 체계로서 인간의 생명 활동은 생물학적 질료인지 전자적 질료인지와 무관하며 자연적인가 인공적인가 하는 것과도 무관하지요. 이처럼 생명의 형식과 질료를 분리해 생명을 바라보는 시각은 인간의 구성 물질(즉 인간 두뇌의 신경 물질)과 다른 질료로 이루어진 기계의 경우에도 생명의 형식을 부여할 가능성을 제공합니다.

또한 새로운 생명 개념에 의하면 살아 있는 것은 자연적인 생물에 한정되지 않습니다. 인공적으로 생산해낸 조직체도 생명체의 조건을 갖출 수 있습니다. 인공생명의 가능성이 열리게 된

인공지능, 마음을 묻다

것이지요. 셰리 터클은 컴퓨터 스크린상에서 자기조직력을 갖춘 온라인 생명체의 이미지를 체험하면서 생명의 개념을 "자기 복제와 진화가 가능한 모든 개체"로 확장할 것을 제안합니다. 이러한 조건에 따르면 기계도 정보를 저장·활용하고 전달하며 자기 복제가 가능하다면 생명력을 가질 수 있습니다. 이는 기계와 인공지능 프로그램조차도 생명체로 간주할 수 있는 근거가 됩니다. 오시이 마모루 감독의 애니메이션《공각기동대》에 등장하는 인형사가 단지 프로그램임에도 불구하고 자신을 생명체라고 당당히 주장하는 근거가 여기에 있습니다. 심지어 그는 자신이 해체될 위협으로부터 벗어나기 위해 정치적 망명을 요구하기도 하지요("나는 정보의 바다에서 태어난 생명체로, 정치적 망명을 희망한다"). 이렇듯 인공 생명체의 존재는 생명 자체에 대한 전통적인 개념을 와해시키며 생명의 새로운 정의와 기준을 제시합니다.

사만다의 숨소리

인간과 같은 유기적 생명체의 고유한 특성으로 간주되는 생명의 활기나 호흡은 인공지능이 공유할 수 없는 걸까요? 비록 인공 생명체가 가능하다고 할지라도 전통적 생명 개념에 속하는 활기와 호흡은 여전히 기계에 귀속될 수 없는 게 아닐까요?

스파이크 존즈 감독의 《그녀Her》는 인간과 인공지능의 사랑을 다룬 영화입니다(이 주제는 6장에서 다룰 예정입니다). 이 영화에는 숨을 쉬거나 호흡을 한다는 것이 무엇인지, 호흡을 하고 숨소리를 내는 것이 유기적 생명체만의 것인지에 대해 의문을 제기하는 인상적인 장면이 등장합니다. 영화는 인공지능의 관점에서 숨 쉬고 호흡하는 것에 관해 새롭고 흥미로운 문제를 제기합니다.

영화의 주인공 시어도어는 인공지능 사만다와 사랑에 빠집니다. 둘 사이의 대화와 사랑은 스마트폰을 통해 언어로 이루어집니다. 어느 날 사만다는 사람들이 맺는 육체적 관계에 대해 궁금해하며 자신을 대신할 섹스파트너를 시어도어에게 보내어 육체적 관계를 맺고자 합니다. 사만다는 대리 섹스 과정에서 인간처럼 숨을 몰아쉬는 소리를 내는데, 시어도어는 사만다에게 거짓 숨소리로 자신을 속이고 있다고 비난합니다. "후"라는 숨소리를 내는 사만다에게 시어도어는 넌 숨을 쉴 수 없는데(너는 사람이 아니라 무생물인데), 왜 그런 숨소리를 흉내 내며 가장하는지 따집니다("넌 '하는 척' 일부러 가장할 필요가 없어!").

여기서 의문이 생깁니다. 인공지능 사만다가 숨소리를 낸 것은 거짓이고 속임수인가요? 그녀는 숨 쉬는 척 가장한 것이며 따라서 연인을 속인 것일까요? 아니면 언어 습득 과정에서 숨

인공지능, 마음을 묻다

소리를 내는 것을 배웠다면 자신이 배운 감정언어 내지 신체언어를 표현한 것일 뿐인가요?

물론 인공지능은 생물학적 존재가 아니므로 문자 그대로 호흡할 수는 없습니다. 그렇다고 사만다의 숨소리가 상대를 속이려는 위장 전술로 해석되는 것도 무리가 있어 보입니다. 비트겐슈타인의 논리대로 언어를 이해하는 것이 언어 사용 규칙을 배우는 것이라면 섹스의 상황에서 숨을 몰아쉬듯 호흡하거나 숨소리를 내는 것은 딥러닝에 의한 일종의 신체언어의 습득으로 간주될 수 있겠지요. 그렇다면 사만다의 숨소리 역시 그녀가 사용하는 다른 언어들과 마찬가지로 공동체의 언어 사용 규칙을 학습한 결과일 뿐, 거짓 숨소리로 위장한 것이라 보기는 어렵습니다.

사만다의 관점에서 호흡이란 무엇일까요? 인간에게 유기체 고유의 것으로 간주되는 호흡이 인공지능의 관점에서는 어떻게 받아들여지는지는 새로운 문제입니다. 인공지능의 관점에서 호흡이란 무엇을 의미하는지 살펴보는 것은 흥미로운 통찰을 줍니다. 시어도어의 비난에 대한 사만다의 반응을 보면, 사만다는 생명의 활기와 호흡을 유기적 생명체의 고유한 조건이 아니라 언어공동체의 규칙 따르기로 받아들인다고 분석하는 것이 적절해 보입니다.

사만다에게 호흡이나 숨쉬기는 일종의 신체언어로서 다른

언어를 배우듯 습득할 수 있는 것에 불과합니다. 기계에게 불가능한 특별한 것이 아니라는 거죠. 즉 언어 습득이 언어공동체의 언어 사용 규칙을 배우는 것이듯, 사만다의 숨소리도 사람들이 숨소리를 내는 상황들에 관련한 모종의 규칙을 습득한 것과 다를 바가 없지요. 인공지능에게는 언어나 숨소리 모두 학습 가능한 규칙 따르기의 문제일 뿐입니다. 그렇기에 언어 사용 규칙을 배우는 것은 용인하면서 유독 숨소리에 대해서만 생물학적 생명체 고유의 것이고 '사람이 아닌 네가 숨소리를 내는 것'은 '하는 척' 속이는 것이라고 비난하는 것은 사만다에게는 납득하기 어려운 행동으로 보이겠지요.

그렇다면 시어도어의 비난에 대해 사만다가 이해할 수 없다는 반응을 보이는 것은 어쩌면 당연합니다("난 '하는 척'하는 게 아니거든요. ……내가 뭘 잘못했어요? ……난 당신이 왜 이러는지 이해가 안 가요"). 언어로 소통하고 사랑을 느끼고 공감했으면서도, 그 언어들을 모두 진정으로 받아들이고 소통했으면서도 신체언어의 일종인 숨소리에 대해서만 언어 게임의 논리나 규칙이 아닌 생물학의 문제로 간주하는 것은 부당하고 당황스럽기까지 합니다. 시어도어는 애초에 사만다를 생명 없는 기계로 바라본 것이 아니라 인간처럼 대화하고 공감하며 사랑의 말을 '의미 있게' 나누었으면서도 유독 숨소리에 대해서만 기계처럼 행동하지 않는다고 (즉 사람이 아닌데 사람인 척한다고) 사만다를 비난한 셈이

　　　　　　　　　　　　　　인공지능, 마음을 묻다

지요. 어쩌면 시어도어의 그런 행동이야말로 일관성 없는 것으로 보일 수 있습니다.

이처럼 영화《그녀》의 상황은 전통적 생명의 개념에 속했던 호흡을 기계가 학습 가능한 언어 게임 내지 규칙으로 볼 수 있는 아이디어를 떠올리게 합니다. 이런 관점의 전환은 생명의 핵심으로 간주했던 호흡과 숨소리를 탈생물학의 영역에 위치시켜 인공지능이 얼마든지 배우고 따라할 수 있는 것으로 만듭니다.

개성의 조건

현대 과학의 생명 개념이 인공생명의 가능성을 함축한다면 생명을 가진 인공지능은 인간처럼 개성을 가질 수 있을까요? 인간은 자신을 닮은 휴머노이드 로봇을 꿈꾸며 인간다운 인공지능을 개발하고자 할 때, 인간처럼 감정을 느끼고 공감할 뿐 아니라 고유한 개성을 지닌 인공지능과의 교류를 상상하곤 합니다.

개성이란 무엇인가요? 개성은 개인의 고유한 성품 체계를 말합니다. 다른 사람과 구분하여 나를 나로 만들어주는 특성이지요. 그런 의미에서 한 사람의 개성은 그 사람다움을 나타내는 정체성이기도 합니다. 개인의 정체성은 그가 바라고 지향하는 것들, 참이라고 믿는 신념들, 그의 삶이 추구하는 가치들을 비롯하여 그의 덕목과 자질, 기질과 성향, 성별과 나이, 직업과 신분 등을 포함합니다. 욕구, 믿음, 가치의 유기적인 구성은 한 개인의 고유한 정체성을 형성함으로써 그가 어떤 사람인지 보여줍니다. 그래서 누군가 자신의 가치관이나 신념에 맞는 행위를 할 때 우리는 "그 사람답다"고 말합니다. 이는 그 사람의 개성 내지 정체성에 부합하는 그다운 행위를 했다는 의미를 갖지요. 바로 그다움의 정체성이 그 개인의 성품이자 개성에 해당합니다.

개인 정체성의 핵심을 구성하는 욕구, 믿음, 가치들의 체계는 명제 내용으로 이루어진 지향적 사고 체계입니다. 개인의 욕구와 신념과 가치의 사고 내용과 연루된 서사는 그 사람 고유의 의미 세계를 형성함으로써 그를 이 세상의 다른 누구와도 구별되는 개성적 존재로 만들어줍니다. 그런데 개성을 이루는 욕구와 믿음, 가치는 지향적 사고로서 기능화가 가능합니다. 그리하여 인공지능이 구현할 수 있는 인지적, 기능적 사고이기도 하지요. 따라서 인공지능도 자기만의 경험을 할 수 있다면, 그래서 자신의 관점에서 경험하고 지향적 사고들을 가질 수 있다면 고유한 자기 서사를 지닌 개성을 갖는 것도 예상해볼 수 있습니다.

그런데 자신의 관점에서 자기만의 경험을 갖는 것은 어떻게 가능할까요? 그런 고유한 경험을 위해 무엇이 필요할까요? 사

인공지능, 마음을 묻다

람마다 개별적인 경험을 할 수 있는 것은 각자가 개별자로서, 즉 어느 누구와도 구별되는 몸을 가지고 자신만의 고유한 경험을 하기 때문입니다. 그런 의미에서 일차적으로 개성은 개별적인 몸을 가진 개인의 고유한 특성을 의미합니다. 그렇다면 개성을 위해서는 각자의 관점에서 경험하고 고유하게 외부 세계와 관계할 수 있는 개별적인 몸이 필요합니다. 즉 개성에 대해 말할 수 있으려면 무엇보다 개별적인 경험을 가능하게 하는 몸이 있어야 한다는 것이죠. 인공지능 역시 진정한 의미에서 개성을 갖기 위해서는 개별적인 몸을 통한 고유한 정체성을 형성할 수 있어야 합니다.

이처럼 개성이 개별적인 몸과 고유한 성품 및 정체성을 요구한다면 몸이 없는 인공지능의 경우 어떻게 개성에 대해 말할 수 있을까요? 인공지능은 그 자체로 개성이 있다거나 없다고 말하기 어려울 정도로 다양한 존재 양식을 가지고 다양한 차원에 존재합니다. 그런 이유로 인공지능의 종류와 양상마다 개성의 문제가 제기되는 방식이나 초점이 달라질 수 있습니다. 먼저 단일지능과 복합지능의 경우를 살펴보기로 하죠. 단일지능은 한 가지 특정 영역에서 지적 과제를 수행할 줄 아는 인공지능입니다. 예를 들면, 바둑이나 체스, 의료, 법률 등 특화된 한 영역에 한해서 지적 작업을 이행하는 인공지능을 말하지요. 단일지능의 경우 그 한 가지 일을 하는 방식에서 드러나는 특징이 있다면 그 특성을 말할 순 있겠으나 일반적으로 고유한 성품 체계를 뜻하는 개성과는 거리가 있습니다. 만일 단일지능이 아니라 모든 분야에서 인간만큼 지적 작업을 수행하는 복합지능 혹은 일반인공지능이 등장한다면 그런 인공지능에게는 개성을 부여할 수 있을까요? 일반지능은 단일지능보다 인간의 지능에 더 근접해 보입니다. 그러나 그것이 인간처럼 개별적 몸을 가질 수 없다면 개성을 갖기에는 한계가 있을 것입니다.

그리고 인간 사용자와 협력하여 일하는 인공지능이 있는데, 그 경우에도 종류는 다양합니다. 사용자가 지시하는 대로만 작동하는 인공지능이라면 자기 스스로 고유한 경험을 통해 개성을 형성한다고 보기는 어려울 것입니다. 사용자로부터 부분적으로 자율성을 부여받아 활동하는 인공지능, 나아가 '만들어진 이후 인간에게 의존하지 않고 순수하게 자율적으로 활동하는 인공지능'의 경우도 있습니다. 이를 '자율적 인공지능'이라고 부르겠습니다. 이처럼 자율적으로 지적 작업을 수행하거나 문제를 해결할 방법을 선택하고 터득하면서 스스로 학습하는 인공지능이라면 지적 작업을 수행하는 방식의 독특함이나 고유한 특성을 찾을 수도 있을 것입니다. 그럼에도 앞에서 살펴본 것처럼 외부 세계와 고유한 방식으로 관계할 수 있는 감각기관을 가진 몸이 없다면 개별자의 고유한 개성이라고 보기는 어렵습니다.

인공지능, 마음을 묻다

또한 존재 양식과 관련하여 사이버공간에서 활동하는 인공지능과 물리 세계에서 개별적인 로봇 몸을 지닌 인공지능의 경우를 구분할 필요가 있습니다. 여기서는 이 두 영역의 인공지능을 중심으로 인공지능의 개성 문제를 살펴보겠습니다. 첫째는 인터넷에서 정체성을 부여받아 활동하는 인공지능으로서 캐릭터 봇의 경우이고, 둘째는 인간처럼 물리 세계에서 감각기관을 장착한 개별적 몸을 가진 인공지능 로봇의 경우입니다.

캐릭터 봇

사이버공간에서 활동하는 캐릭터 봇은 물리적 현실 세계의 인간 사용자가 구성한 정체성이나 캐릭터를 대행하여 구현하는 로봇으로서 일종의 대리 자아입니다. 우리는 몸을 가진 채로 탈육화의 공간인 사이버공간에 들어가 직접 행동할 수 없기에 거기서 자신을 대신해서 활동할 대리 자아를 필요로 합니다. 이렇게 인터넷과 에스엔에스sns 등 사이버공간에서 활동하는 대리 자아를 '사이버 대리 자아'라고 부를 수 있습니다. 물리 세계의 인간 사용자가 '본래 자아'라면 사용자를 대신하여 사이버공간에서 활동하는 인공지능은 대리 자아입니다. 봇의 형태는 순수 인공지능 프로그램이거나, 인공지능과 본래 자아가 결합한 형태, 본래 자아의 언행을 그대로 따라하는 반영적 대리 자아의 세 종류로 구분할 수 있습니다.* 이 세 가지는 보통 인간이 사이버공간에서 인공지능과 결합하여 행동할 때 나타나는 형태이거나 인간이 인공지능을 대리자 삼아 인터넷에서 활동하는 방식이기도 합니다.

트위터에서 정체성 역할극을 수행하는 캐릭터 봇의 경우 처음에 기본적인 정체성을 부여받은 후 봇은 매 상황마다 그 캐릭터에 맞는 역할을 하며 정체성 놀이를 수행합니다. 캐릭터 봇의 정체성 역할극은 캐릭터가 붕괴되지 않을 정도의 범위 내에서 캐릭터의 변화와 유연성을 허용합니다. 하지만 봇의 정체성과 어긋나는 행동이 빈번히 일어나면 캐릭터가 붕괴되어 역할극이 깨질 수 있습니다(예컨대, 캐릭터 봇의 정체성과 무관하게 사용자가 자신의 오프라인 정체성을 드러낼 경우 봇의 캐릭터가 붕괴되어 역할극이 끝나 버릴 수도 있습니다). 반면에 캐릭터를 살리거나 그에 적합한 행동을 보일수록 팔로어들의 공감을 받게 되고 정체성 역할 놀이는 더욱 활기를 띠게 됩니다.

캐릭터 봇은 부여된 정체성(혹은 캐릭터)에 맞게 활동한다는 점에서 그리고 비록 캐릭터의 기초는 주어졌지만 모두 정해진 것은 아니고 상황에 따라 유연하고 다양하게 표현할 수 있는 자

---

* 김선희(2004), 《사이버시대의 인격과 몸》, 아카넷, pp.252-262.

인공지능, 마음을 묻다

율성이 주어졌다는 점에서 인간의 정체성 형성과 유사한 점이 있습니다. 그렇기에 캐릭터 봇은 인간처럼 개성을 가진 존재로 보입니다. 거기다가 자기답게 행동하며 개성을 형성해나가는 과정이 그것을 지켜보는 사람들에게도 공감을 줄 수 있다면 그 개성은 더욱 두드러져 보일 것입니다.

캐릭터 봇은 인간 사용자의 지시에 따라 행동하는 반영적 대리 자아인 경우가 대부분이지만 자율적인 인공지능에게도 특정한 정체성 역할을 하도록 캐릭터를 부여할 수 있습니다. 즉 캐릭터 봇이 인간으로부터 독립한 자율적인 인공지능인 경우 매사에 캐릭터에 들어맞는 행동들을 인간 사용자가 정해주는 것이 아니라 상황이나 상대에 따라 처음 제시된 캐릭터에 맞추어 어떻게 행동하고 반응할 것인지를 스스로 결정하여 행동합니다. 여기서 자율적인 인공지능으로서 캐릭터 봇의 지적인 과제는 인간의 지시와 개입 없이도 캐릭터를 붕괴시키지 않고 자신의 개성을 풍부하게 키우며 형성시켜나가는 것입니다. 이는 튜링 테스트를 통과하기 위한 인공지능의 지적 과제와도 유사합니다. 즉 이 캐릭터 봇이 튜링 테스트를 통과할 정도의 인공지능이라면, 그리하여 사용자들이 개성을 가진 사람과 봇을 분간할 수 없을 정도로 풍부한 캐릭터를 보여준다면 개성을 갖는다고 생각할 수 있습니다. 그런 캐릭터 봇이라면 사람들은 기계가 상황마다 '자기답게' 행위하며 개성을 형성해나가는 것에 공감하면서 개성과 정체성을 가진 존재로 여길 것입니다.

이제 캐릭터 봇의 형태로, 나의 정체성의 중심 가치와 성품을 부여한 다음 그에 따라 나 대신 스스로 자율적으로 선택하여 행동하는 인공지능을 대리 자아로 삼았다고 해봅시다. 그렇게 나 대신 정체성 역할을 수행하는 인공지능은 개성을 가질까요? 혹은 나의 정체성이 아니라 임의의 성품을 캐릭터로 구성한 후 그러한 정체성을 수행하도록 한다면 인공지능은 개성을 구현할까요? 자기에게 부여된 캐릭터와 정체성에 맞게(즉 자기답게) 자율적으로 행동하며 개성을 실현해간다면 그런 인공지능은 개성을 갖는다고 볼 수 있을까요?

인공지능에 정체성을 부여한 캐릭터 봇이 튜링 테스트를 통과할 정도라면 그러한 정체성을 토대로 타인과 관계를 맺으며 고유한 개성을 형성하는 것처럼 보일 것입니다. 그럼에도 개별적인 몸으로 경험하고 행동하는 개별자의 지위를 갖지 않기에, 엄밀한 의미에서 '개인의 고유한 정체성'을 뜻하는 '개성'을 갖는다고 말하기는 어렵습니다. 개성이 '개별자의 고유한 성품'이라면 개별적 존재가 아닌 지능의 유형에 대해 개성을 부여하긴 어렵겠죠. 즉 엄밀하게 개체가 아닌 것에 부여된 특성을 개성이라고 부를 수는 없겠지요. 그런 이유로, 진정한 의미에서 인공지능의 개성을 다루려면 감각기관을 장착하고 개별적 몸을 가진 인공지능 로봇이 필요할지 모릅니다.

몸을 가진 인공지능

개성을 가지려면 유기적으로 통합된 개별자의 몸이 필요합니다. 인공지능이 진정한 개성을 갖기 위해서는 로봇과학자들이 꿈꾸듯이, 인공지능에 감각기관을 장착하여 외부 세계로 내보내야 할지 모릅니다. 따라서 인공지능에 개성을 부여하는 방법은 외부 세계에 대한 개별적 경험이 가능하도록 감각기관을 지닌 로봇 몸체를 인공지능과 유기적으로 연결하는 것입니다. 개별적인 몸을 가진 인공지능 로봇이 탄생하는 것이지요. 개별자의 지위를 갖는 인공지능의 몸이란 수시로 갈아입을 수 있는 대체 가능한 몸이 아니라 인공지능과 유기적으로 통합된 몸을 의미합니다. 고유하고 개별적인 몸과 하나로 통합된 인공지능이 아니라면 진정한 의미에서 개별자라고 볼 수 없겠지요.

개성을 가진 인공지능 로봇을 상징하는 모델은 아이작 아시모프의 《바이센테니얼 맨》에 등장하는 주인공 앤드루입니다. 양전자 두뇌 인간 앤드루는 허구적인 소설 속 인물이긴 하지만 인공두뇌 로봇이 인간의 몸을 취함으로써 기계가 인간이 되어가는 과정을 잘 보여주는 대표적인 사례이지요. 앤드루는 인간의 것과 같은 인공장기를 만들어 자신에게 장착하고 자신의 몸을 로봇에서 유기적인 몸으로 바꾸어가면서 인간이 되기를 꿈꾸는 로봇입니다. 결국 그는 스스로 인간과 같이 유기적으로 통합된 유한한 몸으로 전환함으로써 200살을 살고 난 후 생을 마감합니다(200년을 살고 죽은 기계인간이라는 의미로 '바이센테니얼 맨'이라 불리지요).

개성의 문제와 관련하여 앤드루가 인간적인 몸과 하나 되어 개별자의 지위를 갖게 되는 과정에 주목해봅시다. 앤드루는 처음에는 양전자 두뇌 로봇으로, 그가 가진 로봇 몸체는 단지 대체 가능한 몸에 불과했어요. 그 경우 로봇 몸체가 곧 앤드루라고 말할 순 없으며 몸은 갈아 끼울 수 있는 부속품에 불과했지요. 앤드루는 인간이 되기 위해 로봇 몸체를, 인간의 장기를 갖추고 호흡과 소화가 가능한 생물학적 몸으로 바꾸고, 최종적으로는 양전자 두뇌를 유한한 인간적 몸과 유기적으로 연결하는 수술을 합니다. 그러고 나서야 비로소 개별적 몸이 됩니다. 즉 몸과 분리될 수 없는 개체로, 사멸할 육체적인 인간 존재로 변화한 것이지요. 이렇게 인간적인 몸과 유기적으로 통합되었을 때 앤드루는 법적으로 인간임을 인정받습니다. 그때 비로소 앤드루는 개별적 몸을 지니고 자신의 정체성을 지닌 개성적 존재가 됩니다.

그런데 몸을 가졌어도 대량으로 찍어낸 기계나 로봇이라면 고유한 개성을 지닐까요? 혹은 '같은 종류의 제품으로 만들어진 인공지능 로봇이나 인조인간도 단순한 복제품을 넘어서

인공지능, 마음을 묻다

개성을 가질 수 있을까요?' 이 물음은 필립 딕의 소설《안드로이드는 전기양의 꿈을 꾸는가?》의 주인공인 인조인간 레이첼의 질문이기도 합니다.

　레이첼은 자신과 똑같이 만들어진 안드로이드 프리스의 존재를 떠올리며, '인조인간 안드로이드는 복사판 기계와 같이 어떤 타입의 견본에 불과한 것은 아닌가?'라고 자문합니다. 그리고 "우리들은 이 병처럼 똑같은 모양으로 공장에서 찍혀 나온 기계에 불과해요. 나라는 개인이 존재한다고 생각하는 것은 그저 환상일 뿐이에요. 나는 어떤 타입의 견본에 불과해요"라고 말합니다. 이렇게 레이첼은 자신의 고유한 개성에 대해 회의합니다. 이에 릭은 "당신은 생물학적으로 살아 있는 유기적 존재"로 유일한 개인이라고 옹호합니다. 릭에게 레이첼은 자신과 사랑을 나눈 유일한 존재이자 개성을 가진 존재인 것이지요.

　레이첼과 프리스는 몸과 지능 면에서 같은 견본으로 만들어진 복제체입니다. 하지만 둘은 각기 다른 경험과 다른 인간관계를 통해 자신의 고유한 개성을 형성해가는 개별적 존재가 됩니다. 구체적으로, 인간을 살해한 것은 프리스이지 레이첼이 아니며 또한 릭이 사랑한 것은 프리스가 아니라 레이첼이지요. 그러니 릭이 사랑한 것은 레이첼이건 프리스이건 상관없다고 말하는 것은 터무니없는 일입니다. 누군가 일란성쌍둥이 중에서 한 사람을 진정 사랑했다면 그에게 쌍둥이 누구라도 마찬가지 일

수는 없겠지요. 둘은 동일한 존재가 아니라 각자 개성을 지닌 개별적 존재니까요. 자연적 복제체인 일란성쌍둥이가 각기 개별적 몸을 가지고 고유한 경험을 하면서 개성을 가진 존재로 성장할 수 있는 것처럼 원리적으로 인공적 복제체도 유기적으로 통합된 개별적인 몸을 통해 각자 고유한 경험을 하는 만큼 개성을 갖게 될 것입니다.

바이센테니얼 맨 앤드루 역시 대량생산된 어떤 로봇 유형의 한 사례와 같은 존재였으나 인간적인 몸과 하나로 통합되어 개별적인 경험과 인간관계를 형성하면서 고유하고 특별한 존재로, 개성을 가진 존재로 변모해갑니다.

레이첼은 처음엔 자신이 공장에서 찍어낸 병들 같은 사물적 존재가 아닐까 생각합니다. 하지만 그녀를 사랑하는 릭은 레이첼이 그들과 달리 고유하고 특별한 존재라는 것을 일깨워줍니다. 레이첼은 자신의 고유한 개인적 경험을 기억하고 사랑하는 사람과의 관계에서 욕구와 소망과 신념과 기대 등의 지향적 마음이 생깁니다. 나아가 사랑하는 사람과 함께한 서사가 있고 그에 따라 욕구와 믿음, 가치 등의 성품이 형성됩니다. 이렇게 형성되는 개별적이고 고유한 성품 체계가 바로 그녀의 개성을 이루는 것이지요.

우리는 이 주제와 관련하여 인공지능의 진화를 두 가지 방향으로 생각해볼 수 있습니다. 한편으로 인공지능은 개별적인 몸과 개성을 가진 개체를 지향할 수 있습니다. 이때 인공지능은 감각기관을 지닌 개별자로서 외부 세계와 상호작용하며 개별적으로 고유한 경험을 하는 동시에 자기 정체성과 개성을 형성할 것입니다. (개별적 몸을 가진 인공지능 로봇은 '지성적 개별자'로서 인격들의 공동체를 형성할 수 있습니다. 인간과 유사한 인격공동체를 이루는 것이죠. 이것은 어쩌면 인간과 인공지능 로봇이 공존하는 진화의 방향이 될 수도 있습니다.) 다른 한편 인공지능은 개별적인 몸에 집착하기보다 몸을 초월해버리고 네트워크에 분산되어 모든 곳에 존재하는 형태를 지향할 수도 있습니다. 이 길은 아마도 육체적 존재로서 인간적인 것들을 버리거나 넘어서는 것으로서 완전히 새로운 종의 진화 방향을 택하는 것입니다. 이미 많은 미래학자들이 예견하듯이, 기계는 살과 결합하는 방식으로 진화하거나 탈육화의 방식으로 진화할 것입니다. 인공지능의 진화 방향이 어디로 향할 것인지에 따라 인간의 미래와 운명도 달라질 것입니다.

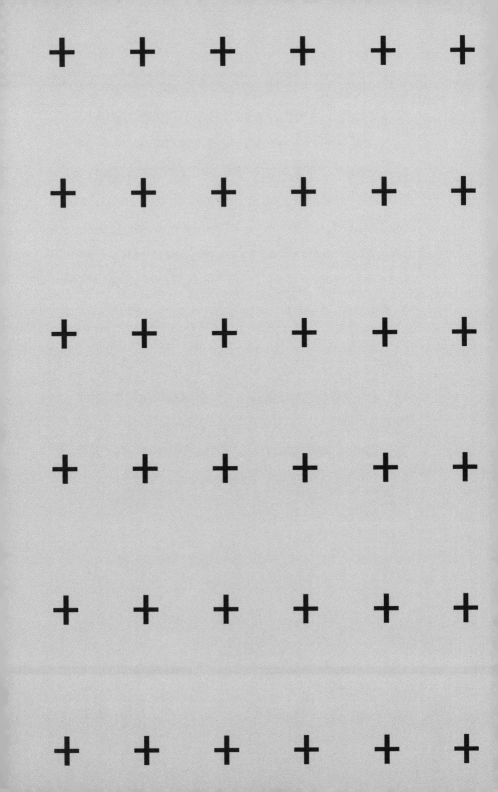

5장

인공지능은
예술을
감상할 수 있는가

색깔 지각하기

색깔의 지각은 또 하나의 현상적 의식입니다. 2장에서 보았듯이, 현상적 심리 상태는 주체에게 어떠하게 보이거나 느껴지는 질적인 경험이며 주관적 의식 상태를 말합니다. 고통이 어떻게 느껴지는지 혹은 빨갛거나 노란 색깔이 어떻게 보이는지 하는 것은 현상적 의식입니다. 또한 노란 색깔이 나에게 어떻게 보이는지는 나만이 경험할 수 있는 주관적 의식이기도 하지요. 이처럼 고통의 느낌과 색깔의 지각은 현상적 의식의 대표적인 예입니다.

이미 살펴보았듯이, 현상적 의식은 기능화할 수 없는 마음의 영역입니다. 3장에서 인공지능의 감정을 논하면서 감각질의 느낌을 다루었다면 여기서는 색깔 지각의 문제를 다루려고 합니다. 인공지능은 색깔을 지각할 수 있는지 혹은 인공지능이 우리와 같은 방식으로 색깔을 지각하는 것이 아니라면 어떻게 색깔을 인지하고 색에 접근할 수 있는지, 나아가 색 지각과 관련하여 채색된 그림을 감상할 수 있는지 등의 문제를 조명하려고 합니다.

고통과 마찬가지로 색깔의 지각은 기능화할 수 없고, 그리하여 인공지능이 모방하거나 구현할 수 없습니다. 당신이 노란 레몬이나 푸른 하늘을 볼 때 그 색상이 당신에게 보이는 독특한 방식이 있습니다. 그런데 그것은 자신에게 노랗게 보이고 파랗게 보이는 경험이라고밖에 표현할 수 없습니다. 그 색깔 자체의 경험이 어떤 것인지는 설명할 수 없습니다. 제3자의 관점에서 객관적으로 관찰할 수도 기술할 수도 없습니다. 그리하여 색 지각 자체는 입출력과 내적 경험 사이의 인과관계로 기능화할 수도 없지요. 노란색을 지각하는 것이 어떤 것인지, 노란색이 어떻게 보이는지를 알려면 노란색을 보는 수밖에 없습니다. 노란색을 직접 보는 것 이외에 달리 방법이 없다는 것이지요. 물론 빛의 파장과 대상과 시각 기관 사이의 관계와 작용에 의해 물리적으로 설명해볼 수는 있겠지요. 하지만 그것은 노란색이 어떻게 보이는지를 설명하는 것은 아닙니다. 물리적 설명은 색을 보는 경험과는 전혀 다른 차원의 기술이니까요. 그것이 '노란색을 보는 경험이 어떤 것인지'를 말해주는 것은 아니라는 얘기지요. 색깔의 지각은 그것을 보는 주체가 직접 그 현상을 경험하는 것 이외에 그 경험이 무엇과 같은지 알 수 없다는 점에서 현상적이고 주관적인 의식입니다.

그리하여 현상적 의식 없이 기능적 마음만 가진 인공지능은 색깔을 지각할 수 없습니다. 색 지각은 기능화되지 않고 물리적으로 환원할 수도 없는 의식의 영역이니까요. 그럼에도 인공지능이 색깔에 대해서 아무것도 모른다고 결론내리는 것은 성급한 일입니다. 색 지각의 경험은 없을지라도 색깔을 인지하는 다른 방법이 있을 수 있다면요. 그러면 인공지능은 어떻게 색깔을 인지할까요? 인공지능이 색깔을 지각할 수 없다면 색깔을 가진 대상을 어떻게 인식할 수 있을까요? 다양한 색상들을 어떻게 구별할 수 있을까요? 또한 색 지각 없이 색을 인지하거나 인식하는 것은 어떤 것일까요? 그것은 우리의 색깔 경험과 어떻게 다를까요?

구체적으로 인공지능은 천연색 그림을 볼 때 어떻게 색상을 경험하며 색상과 색상 간의 차이를 어떻게 인지할까요? 무엇보다 인공지능은 천연색 그림을 감상할 수 있을까요? 채색된 회화를 비롯한 예술작품을 감상하거나 즐길 수 있을까요? 그럴 수 없다면 이는 무엇을 함축하나요? 이 문제들을 다루기 위해 하나의 사고실험을 소개해보겠습니다. 프랭크 잭슨Frank Jackson의 유명한 '흑백 방 사고실험'입니다.

흑백 방 사고실험

잭슨은 물리주의를 비판하고 일종의 이원론을 지지하기 위해 '지식 논증'이라는 것을 전개했습니다. 그리고 그 과정에서 흑백 방 사고실험을 고안합니다. 그런데 이 사고실험에서 우리는 인공지능의 색깔 지각과 연관된 주제를 해명해줄 수 있는 홍

미로운 통찰을 찾을 수 있습니다.

먼저 이 사고실험의 상상적 상황을 살펴볼까요?

색깔이라곤 없는 오직 무채색의 흑백 환경(이를 '흑백의 방' 혹은 '잭슨의 방'이라 부르자)에서 자라고 교육받은 메리라는 명석한 과학자가 있다고 상상해보자. 흑백 방에서 자란 메리는 색깔을 경험해본 적이 없다. 또한 메리는 모든 물리적 사실을 배웠다고 가정하자(여기서 물리적 사실이란 완성된 물리학, 화학, 생물학, 기능주의 심리학에 포함된 모든 사실을 가리킨다). 특히 그녀는 시각신경생리학 전문가로서 빨강, 노랑 등의 색깔을 보는 경험에 대한 모든 물리적 사실들을 배웠다고 해보자.

어느 날 메리는 잭슨의 흑백 방에서 풀려나서 처음으로 (빨갛게) 잘 익은 토마토를 바라보았다. 이때 메리는 토마토를 보며 어떤 (새로운) 것을 배웠는가? 그렇다는 것을 부정하긴 어렵다. 확실히 그녀는 빨간색을 보는 경험을 통해 그것이 어떻게 보이며 무엇과 같은지를 배운다. 그러나 메리가 빨강을 보는 경험에 대한 어떤 것을 추가로 배웠다면 그녀가 흑백 방에서는 알지 못했던 색 경험에 대한 어떤 사실이 있었다는 것을 함축한다. 그런데 메리는 흑백 방에서 색 경험에 대한 물리적 사실들을 모두 배웠다고 가정했다. 그래서 메리가 새로 배운 것은 그 경험에 대한 비물리적 사실이어야 한다. 그런데 물리주의는 비물리적 속성의 존재를 허용할 수 없으므로, 물리주의는 거짓이다.*

이 사고실험의 요지는 다음과 같습니다. 흑백 방의 메리는 색깔을 보는 경험에 대한 모든 물리적 사실을 알고 있었는데, 흑백 방에서 나와서 빨간 색깔의 잘 익은 토마토를 보며 새로운 것을 배우게 됩니다. 그런데 메리가 물리적 사실을 모두 알고 있었다면 새롭게 배운 것은 비물리적인 것이어야 합니다. 이처럼 비물리적인 사실이 있다면 물리주의는 거짓이라는 결론을 잭슨은 도출합니다.

흑백 방 사고실험은 물리주의를 비판하기 위한 설정이지만 인공지능의 색깔 지각과 관련하여 중요한 의미를 담고 있습니다. 흑백 방의 메리의 상황과 색깔 지각이 없는 인공지능의 경우를 비교해보면 흥미로운 사실을 찾을 수 있습니다. 메리는 색깔을 경험한 적이 없음에도 색에 대한 모든 물리적 지식을 갖고 있습니다. 그런데 인공지능도 색깔을 보는 경험을 할 수는 없지만 메리처럼 색에 대한 물리적 지식은 가질 수 있지 않을까요? 그렇다면 인공지능은 흑백 방의 메리가 색을 인식하는 것과 유

---

* Frank Jackson(1982), "Epiphenomenal Qualia", *Philosophical Quarterly* 32, pp.127-36; Jackson(1986), "What Mary didn't know", *J of Philosophy* 83, pp.291-95.

사한 방식으로 색깔을 인지할지 모릅니다. 이제 인공지능의 상황과 연관시켜 이 사고실험을 좀 더 구체적으로 살펴볼까요?

흑백 방의 메리는 과학자이자 시각신경생리학의 전문가로서 색에 대한 모든 물리적 지식을 갖고 있습니다. 즉 메리는 우리가 익은 토마토, 하늘, 레몬을 보며 빨강, 파랑, 노랑의 색깔을 지각할 때 혹은 '빨갛다', '파랗다'. '노랗다' 등의 말을 사용할 때, 무엇이 진행되고 있는지에 대한 모든 물리적 정보와 지식을 가지고 있습니다. 예컨대, 그녀가 파란 하늘을 볼 때, 그녀는 그곳에서 반사되어 그녀의 망막을 자극하는 빛의 파장의 조합을 알고 있습니다. 또한 정확히 어떻게 그것이 중추신경계를 통해 성대 수축과 폐의 공기 배출을 거쳐서 '저 하늘은 푸르다'라는 문장을 발화하도록 만드는지를 알고 있습니다.

물리적으로 보면 색 지각은 물리적, 신경생리적, 심리학적 기전을 포함하여 가시적인 범위(대략 400~700나노미터)의 파장의 빛이 시신경을 자극함으로써 이루어집니다. 대략적으로 색은 빛의 파장이라는 물리적 현상으로 기술할 수 있습니다. 빛의 파장에 따라 우리의 시각에 붉은 계열부터 보라색에 이르기까지 색깔들이 지각되겠지요.

색에 대한 이상의 물리적 지식들은 기능화할 수 있습니다. 즉 빛의 파장과 주파수, 시각 신경계의 작동 방식, 색깔을 볼 때 일어나는 중추신경계의 작용 등의 기능으로 기술될 수 있겠지요.

그리하여 이처럼 기능적인 물리 지식은 인공지능도 공유할 수 있습니다. 그렇다면 인공지능이 색을 지각할 수 없다는 것은 색 지각에 대해 아무것도 알지 못한다는 의미는 아닙니다. 색을 지각하는 현상적 의식 경험이 없을 뿐, 색 지각이 일어나는 물리적, 신경생리적 작용에 대한 지식은 가질 수 있으니까요.

이는 색에 관한 물리적 지식에 한해서는 인공지능도 메리 못지않게 충분한 지식을 가질 수 있다는 것을 말해줍니다. 즉 인공지능은 색에 대해서 아무것도 모른다고 보기보다 메리처럼 시각신경생리학의 전문 지식을 가질 수 있다고 보는 것이 타당합니다. 현상적 의식을 획득하는 방식과 물리적 지식을 획득하는 방식을 구분한다면 인공지능은 전자가 아니라 후자의 방식으로 색을 인지하거나 인식한다고 하겠습니다.

이 사고실험은 인공지능이 결여한 것이 무엇인지도 잘 보여줍니다. 잭슨의 사고실험에서 흑백 방을 빠져나와 처음으로 색깔을 지각하게 된 메리가 새롭게 배운 것은 무엇일까요? 달리 말해 흑백 방에서 메리가 알지 못했던 것은 무엇일까요? 흑백 방의 메리는 빨간색이 무엇인지에 관한 과학적, 물리적 지식을 완벽하게 갖고 있었지만 사실 빨간색을 경험한 적은 없습니다. 즉 메리가 흑백 방에서 갖지 못한 것은 (혹은 그 방에서 나와서 새롭게 배운 것은) 바로 빨간색을 본다는 것이 무엇과 같은지, 나에게 어떻게 보이는지, 어떤 느낌인지 하는 현상적 경험 및 주관적 특질입니다.

마찬가지로 인공지능은 '빨간색을 보는 것이 어떤 것인지' 현상적 경험을 하지 못합니다. 하지만 색 지각의 현상적 의식이 없을 뿐, 색깔을 인지하거나 인식할 수 없는 것은 아닙니다. 즉 색에 관한 주관적 특질을 갖지는 못하지만 물리적이고 기능적인 지식을 가질 수 있습니다. 이러한 지식을 이용하여 잘 익은 토마토를 바라보며 '이것은 빨갛다'라고 판단할 수도 있습니다. 물리적, 기능적 지식을 통해 색상들을 판단하고 색상들 간의 차이를 비교하거나 대조할 수도 있겠죠. 그런 지식을 토대로 색깔에 대한 기능적 역할도 수행할 수 있을 것입니다. 그렇게 되면 인공지능은 교통신호등의 색깔을 지각하지 못할지라도 우리처럼 교통신호를 지킬 수 있을 것입니다. 즉 빨간불을 지각할 순 없을지라도 붉은색에 해당하는 빛의 파장을 인지하고 "빨간 신호등이 켜졌다"고 말하거나 가던 길을 멈출 수 있습니다. 초록색의 파장을 인지하면 "초록 신호등이 켜졌다"고 말하며 길을 건널 수 있습니다. 이런 방식으로 인공지능도 색깔의 기능을 배우고 학습할 수 있겠지요.

인공지능, 마음을 묻다

그림 감상

이상의 논의에 따르면 인공지능은 색 지각에 대한 물리적 지식을 가질 수는 있지만 그 색깔들이 어떻게 보이는지에 대한 현상적 의식은 갖지 못합니다. 이는 우리가 천연색의 회화를 보며 감상하듯이 인공지능이 그림을 감상하진 못한다는 뜻입니다. 물론 인공지능도 그림을 인지할 수 있으나 물리적, 기능적 방식으로 접근할 것입니다. 그런데 그림의 색깔에 대해 물리적 지식을 통해 인식할 뿐, 그것이 어떻게 보이는지 직접 경험할 수 없다면 인공지능이 천연색 그림을 감상할 수 있을까요? 특히 그림에 채색된 색상들이 어떻게 보이는지 지각할 수 없다면 인공지능은 과연 천연색의 그림이나 회화를 보며 감상하거나 즐긴다고 할 수 있을까요?

여기 빛에 따라 눈에 보이는 그대로의 색을 표현한 인상파 화가의 그림이 있다고 합시다. 어쩌면 이 그림은 색에 대한 화가 자신의 현상적 경험을 가장 근접하게 표현한 것일 수 있습니다. 이 그림을 보며 인공지능은 물리적, 기능적 서술과 지식을 통해 빛의 파장에 따라 빨강, 노랑, 파랑 등의 색상들을 인지할 수 있습니다. 또 색상들 간의 대조와 대비를 할 수도 있겠지요. 그럼에도 인공지능은 색깔에 대한 현상적 의식이 없으며 그런 질적 경험은 텅 비어 있습니다. 즉 빨간색이 우리에게 어떻게 보이는

지에 관해 인공지능은 알지 못합니다. 잭슨의 사고실험에 등장하는 메리와 비교한다면, 인공지능은 흑백 방에서 살고 있는 천재 과학자 메리처럼 천연색 그림에 대한 모든 물리적, 기능적 지식을 배우고 알 수는 있습니다. 하지만 메리는 잭슨의 방에서 풀려나 색깔을 지각하고 형형색색의 천연색 그림을 본다면 작품을 감상하며 새로운 즐거움을 느낄 것입니다. 이것은 흑백 방을 나오기 이전의 메리가 경험하지 못했던 즐거움입니다. 반대로 색깔을 지각할 수 없는 인공지능은 천연색 그림이나 작품을 보며 색감을 느끼고 즐길 수 없을 것입니다. 색깔에 의한 연상이나 창조적 상상의 체험도 없겠지요.

이번에는 네덜란드 암스테르담의 고흐 미술관에 걸린 〈밀밭에서 추수하는 농부〉의 원작을 감상해볼까요? 그림에는 따뜻한 태양 아래 노랗게 물든 밀밭에서 추수하는 농부의 이미지가 보입니다. 은은하고 따스한 색감이 어우러진 연둣빛 하늘에 주황색 태양이 비추고 밀밭은 황금빛 이삭이 굽이치며 타오르는 듯합니다. 태양의 은은한 빛깔과 태양보다 더 찬란하게 타오르는 황금빛 밀밭의 색상이 어우러진 아름다운 전경은 감동을 줍니다. 그리고 우리의 삶도 이처럼 따스하고 환한 태양 아래서 황금빛으로 익은 밀처럼 추수된다면 죽음도 두렵지 않다는 위안을 받게 됩니다. 그림의 따스하고 찬란한 빛 속에서 자기 삶을 추수하는 이미지를 연상하며 죽음의 공포는 사라집니다.

색깔을 지각할 수 없는 인공지능은 고흐의 그림을 보며 이런 감동과 위로를 받을 수 있을까요? 색감을 표현한 회화를 감상하고 즐길 수 있을까요? 이 그림의 색상에 대한 물리적 지식을 모두 갖는다고 할지라도, 그리하여 그림의 대상들이 어떤 색으로 채색되었는지 추론하거나 인지할 수 있다고 할지라도 따뜻한 태양 아래 찬란히 빛나는 황금빛 밀밭을 자기 삶의 추수와 죽음으로 연결시킨 고흐의 심상을 떠올릴 수 있을까요? 아마도 인공지능은 이 그림의 색감에서 연상되는 평온한 죽음을 공감하거나 이해하긴 어려울 것입니다. 색을 지각하는 현상적 의식이 없다면 이런 종류의 회화를 감상하고 즐길 수는 없겠지요. 그리하여 인공지능은 적어도 우리처럼 회화를 감상하기는 어려울 것입니다. 찬란한 빛깔의 밀밭 그림을 감상하거나 구수한 커피 향기를 음미하거나 바람에 흩날리는 달콤한 체리 향기를 즐길 수도 없겠지요. 이런 즐거움을 주는 의식은 기능과 무관한 것입니다. 즉 기능화할 수 없고, 그리하여 인공지능이 모방할 수 없는 영역입니다.

놀이

　인공지능 로봇은 놀이를 할 수 있을까요? 놀이에는 예술을 향유하는 것과 유사한 특징이 있습니다. 놀이는 놀이 자체를 즐기는 것 외에 아무런 목적도 갖지 않습니다. 진정한 놀이는 순수한 즐김에 있습니다. 다른 목적을 위한 역할이나 기능은 놀이와 무관합니다. 다른 것을 위한 수단이 되는 것은 진정 놀이라고 보기 어렵지요. 놀이는 유용성이나 효율성을 위한 것이 아닙니다. 오히려 유용한 것을 생산하려 하지 않는다는 의미에서 무용하지만 재미와 즐거움이 있기에 놀이를 할 뿐입니다. 이 점에서 놀이는 예술작품을 즐기고 향유하는 것과 성격이 유사합니다. 예술이나 놀이를 즐긴다는 것은 다른 목적을 위한 것이 아니라 기능이나 효율을 따지지 않고 그 자체로 즐기는 것에 속하니까요.

　색깔의 지각을 다시 고려해보면 물리적 지식을 통해 컬러 그림을 인지하는 것과 그것을 보며 그 자체로 즐기는 것은 다른 차원의 것입니다. 전자는 색에 대한 과학적 지식으로 도달할 수 있지만, 그것은 채색된 그림을 즐기거나 감상하는 것은 아닙니다. 아마도 인공지능은 색에 대한 물리적, 기능적 지식을 가지고 채색을 하거나 심지어 천연색의 그림을 멋지게 그릴 수도 있을 것입니다. 그러나 그 천연색 그림을 향유하거나 즐길 수는

인공지능, 마음을 묻다

없겠지요. 이는 인공지능이 그림을 그릴 수는 있어도 그것을 감상하고 즐길 수는 없다는 아이러니한 결과를 보여줍니다. 인공지능이 일을 할 수는 있으나 즐기거나 놀 수는 없다면 인공지능은 할 수 없고 인간만이 할 수 있는 것은 예술과 놀이를 즐기고 향유하는 것일지도 모르겠습니다.

이를 철학자 정대현은 '로봇은 일할 줄 알지만 놀 줄은 모른다'는 주장으로 제시합니다. 그리하여 인공지능 시대에 사람은 놀고 로봇은 일하는 세상을 지향하는 것을 인문학의 과제로 삼습니다. '로봇은 놀이를 할 수 없다'는 주장의 여러 이유들에 대해서 더 논의가 필요하지만 색 지각과 관련한 다음 주장은 주목할 만합니다. "로봇은 왜 놀 수 없는가? 나는 빨간 장미를 즐기지만 로봇은 빨간 장미를 즐길 수 없다. 나는 놀이를 즐기지만 로봇은 놀이를 즐길 수 없다. 나와 로봇은 빨간 장미를 보고 빨간 경험에 대한 감각 정보를 동일하게 심리 설명적 기능으로 처리하지만 나의 현상적 의식의 즐김이 로봇에게서는 발생하지 않는다."* 로봇은 놀 수 없다는 이 주장의 핵심은, 현상적 의식은 즐김의 전제조건이지만 로봇은 그러한 의식을 결여한다는 것입니다.

'즐김의 전제조건'으로 현상적 의식을 요구하는 것은 설득력 있어 보입니다. 의식이 없는 존재는 무언가를 즐길 수도 없겠지

---

*   정대현(2020), "놀이 인문학 서설: 로봇이 일하고 사람은 노는 세계", 《탈경계인문학》28집.

요. 적어도 무언가를 즐기거나 향유하는 것은 그것을 느끼고 음미하는 것을 포함하는 듯합니다. 지는 해의 노을빛, 빨간 장미, 커피 향기 등을 음미하고 즐기며 누리기 위해서는 의식을 요구합니다. 의식하지도 못하는 것을 음미하며 즐긴다고 하긴 어렵겠지요. 그리하여 의식이 없는 인공지능 로봇은 놀 수도 즐길 수도 없습니다.

의식의 결여 이외에도 인공지능 로봇이 놀이를 즐길 수 없는 이유를 다른 측면에서 살펴보겠습니다. 인공지능이 추구하는 것은 주어진 목적에 도달하기 위한 최적의 효율성을 찾는 것입니다. 반면에 놀이는 어떤 목적에 종사하는 기능이 없습니다. 인공지능은 기능을 수행하는 것인 반면에 놀이는 기능이 없으며, 전자는 효율을 추구하지만 후자는 효용과 무관하지요. 놀이를 즐기고 예술작품을 향유하는 것은 달리 어떤 목적을 위한 것이 아니라 그 자체로 즐긴다는 점에서 자족적인 가치가 있습니다. 사람은 무익하더라도 재미있는 놀이를 즐기지만 인공지능은 그런 방식으로 놀이를 즐길 수 없습니다.

기계는 목표가 제공되면 그것을 달성하기 위한 최적의 효율적 수단을 실행합니다. 예컨대, 바둑게임에서 '승률을 높이라'는 명령 내지 목표가 주어지면 바둑기사 인공지능은 이 목표를 수행하기 위해 최대한 효율적인 전략을 찾아 알고리즘을 짜거나 학습하고 기억하고 추론하는 등의 일을 수행합니다. 하지만 '바둑을 즐기라'는 명령을 이행하는 것은 가능할까요? 혹은 놀이를 자족적으로 즐기는 것을 목표로 하는 인공지능 알고리즘이 가능할까요? 이것은 인공지능이 일하는 방식과 어긋나는 주문이자 요구입니다. 우리는 달리 목표가 없는 자족적인 즐김과 놀이를 하는 인공지능 알고리즘이 어떻게 가능한지 알 수 없습니다. 마치 의식을 가진 인공지능 알고리즘을 짤 수 없듯이, 아무 목적 없이 놀이를 즐기는 알고리즘을 짜는 일은 요원합니다. 이것이 인공지능이 놀이를 할 수 없는 이유입니다.

원작의 가치

인공지능을 이용하여 〈모나리자〉 원작과 완벽하게 닮은 복제품을 만들었다고 합시다. 여기 원작과 복제품 두 개의 그림이 있습니다. 두 그림은 물리적으로 분자 대 분자 단위로 완전히 동일합니다. 이 두 그림이 지닌 내재적 성질이 완벽하게 같기에 그림의 미적 성질도 같습니다. 즉 두 그림 중 하나가 아름답다면 다른 하나도 아름답지요. 두 그림의 형상, 색감, 원근, 질감, 톤, 붓의 터치 등 한 치의 차이도 없이 완벽하게 복제가 이루어진 결과 누구도 원작과 복제품을 구별할 수 없습니다. 이 두 그림을 감상하는 사람들은 같은 경험을 할 것입니다. 원작이 미적으로나 예술적 경험으로나 복제품보다 더 나은 것은 아니라는 것이지요.

여기서 작품 자체가 지닌 '내재적' 성질은 둘이 완전히 같습니다. 원작과 복제품의 차이는 누가 언제 그렸는지의 차이밖에 없습니다. 원작은 다빈치가 그린 것이고 복제품은 인공지능이 그렸다는 차이가 있을 뿐입니다. 이것은 작품 자체가 지닌 성질이 아니라는 점에서 '외재적' 성질이라 부릅니다. 또한 원작은 루브르박물관에 걸려 있고 복제품은 내 방에 걸려 있다는 것도 작품의 외재적 성질입니다. 두 작품의 내재적 성질은 동일하지만 외재적 성질을 포함하면 두 작품의 속성은 다르다고 볼 수 있겠죠. 그런데 복제품 자체가 지닌 내재적 성질이 원작과 완전히 동일하다면 복제품을 보는 것이나 원작을 보는 것이나 미적 경험에서 아무런 차이가 없습니다.

이처럼 인공지능이 원작 〈모나리자〉를 완벽하게 복제할 수 있다면 우리는 복제품을 보는 것으로 충분할까요? 아니면 우리는 복제품을 가지고 있더라도 〈모나리자〉 원작을 보기 위해 루브르박물관에 가야 할까요? 원작이나 복제품이 지각 경험에서 아무런 차이가 없다면 복제품이 아닌 원작을 보는 것이 우리에게 무슨 특별한 의미가 있을까요?

이 물음에 답하기 위해서는 마음의 내용에 관한 좁은 내용과 넓은 내용을 구분해야 합니다. 우리가 믿거나 소망하는 마음의 내용(즉 심성 내용)이 개별화되는 방식에 따라 좁은 내용과 넓은 내용을 구분할 수 있습니다. 좁은 내용이란 그 심성 내용을 가진 주체의 내부에서 진행되는 것에만 기초해서 개별화되는 심리 상태를 말합니다. 이에 비해 넓은 내용은 심리 주체의 내부 상태만이 아니라 외부적 조건들을 지시함으로써 구분되거나 개별화되는 것을 말합니다. 즉 좁은 내용은 개인의 마음이나 두뇌에서 진행되는 것에 한정된 내용임에 반해, 넓은 내용은 역사와 문화, 공동체 등의 외부 조건을 포함하는 내용입니다.

이 구분을 적용하면 원작과 복제품의 차이를 설명할 수 있습니다. 우리가 두 작품을 보면서 내부적으로 경험하는 내용이 좁은 내용이라면 작품의 원작자, 원작이 그려진 역사와 시간, 문화공동체가 원작에 고유하고 특별한 가치를 부여하는 제도와 관행 등의 의미는 넓은 내용에 속합니다. 그리하여 원작과 복제품은 좁은 내용에서는 동일하지만 외부 조건과 외재적 성질을 포함하는 넓은 내용에서는 달라집니다.

그러면 우리는 〈모나리자〉 원작을 보기 위해 루브르박물관으로 가야 할까요? 원본과 복제품이 내재적 속성에서 완전히 동일하고 둘 사이에 한 치의 차이도 없다면 원작을 보거나 복제품을 보거나 감각 경험에서는 아무런 차이가 없습니다. 하지만 실제로 우리는 복제품을 가지고 있더라도 여전히 〈모나리자〉

원작을 보기 위해 루브르박물관에 가고자 할 것입니다. 여러 가지 불편을 감수하고라도 기꺼이 원작을 감상하고 즐길 만한 의미와 가치가 있다고 여기는 것이죠. 그 이유를 설명해주는 것이 바로 넓은 내용의 개념입니다. 그것은 완벽한 복제품이 수백만 장 널려 있더라도 다빈치의 숨결이 느껴지는 원작에 특별한 의미와 유일성의 가치를 부여하며 그런 이유로 우리는 원작을 보고 싶어 하는 것이지요.

그러면 우리처럼 인공지능도 원작을 볼 이유가 있을까요? 즉 인공지능 로봇도 〈모나리자〉를 보기 위해 루브르박물관으로 가려고 할까요? 원본과 복제품 사이의 차이가 인공지능에게도 의미가 있을까요? 즉 인공지능의 사고와 믿음도 넓은 내용을 가질까요? 강한 인공지능 논제를 받아들여 인공지능도 인간처럼 사고하고 마음을 갖는다고 하더라도 그 사고가 넓은 내용을 갖는지는 또 다른 문제입니다. 인공지능이 넓은 내용의 사고를 가질 수 있을 때 비로소 원작과 복제품의 차이가 의미를 갖습니다. 그런데 예술작품의 감상이 넓은 내용을 가지려면, 그리하여 원작의 가치를 이해하려면 예술작품을 공유하고 평가하는 공동체가 있어야 합니다.

이처럼 원작에 특별한 가치를 부여하는 넓은 내용의 핵심은 공동체라는 조건에 있습니다. 인간은 사회문화공동체의 일원이기에 원작의 가치와 의미를 공유합니다. 하지만 인공지능이

인공지능, 마음을 묻다

나 로봇이 문화공동체를 구성하지 못한다면 넓은 의미를 알지 못하며 원작의 의미나 가치도 알지 못할 것입니다. 이때 인공지능에게 원작과 복제품의 차이는 없으며 둘을 구분하는 것도 무의미합니다. 그 경우 인공지능은 굳이 원작을 볼 이유가 없겠지요.

우리가 복제품보다 원작에 가치를 부여하는 것은 작품의 현장성, 신체성, 사회성, 역사성이 반영된 것, 나아가 문화가 반영된 것입니다. 결국 예술을 향유하는 주체들은 문화공동체에 속한 존재라고 할 수 있습니다. 인공지능 로봇이 문화공동체를 형성하지 못한다면 그림이나 예술작품에 담긴 사회문화적, 역사적 의미와 가치를 모를 것입니다. 그리하여 진정한 의미에서 넓은 내용을 갖지 못합니다. 그렇다면 원작과 복제품 사이에서 아무 차이도 인지하지 못하겠지요. 즉 인공지능은 원작에 대한 각별한 태도를 갖지 않습니다. 그리하여 우리와 달리 인공지능은 〈모나리자〉 원작을 보기 위해 루브르박물관에 갈 필요가 없을 것입니다.

그렇다면 원작을 보는 설렘과 기쁨은 오직 문화와 예술을 창조하고 향유하는 인간의 것입니다. 작가의 고뇌와 숨결이 닿은 원작의 오라, 과거의 시간과 역사를 가진 작품의 의미 등은 작품의 내재적 속성이 아니기에 복제를 통해 담을 수 없는 것이며, 다만 문화공동체가 부여하는 넓은 내용에 속합니다. 이것은 물리적, 기능적 지식이나 복제기술만으로는 설명할 수 없는 내용입니다. 이처럼 우리에게 〈모나리자〉 원작은 특별한 의미를 갖습니다. 그리하여 우리는 인공지능과 달리 다빈치의 〈모나리자〉 원작을 보기 위해 루브르박물관으로 가야 할 충분한 이유를 갖습니다.

6장

인공지능과
사랑할 수
있을까

사랑

    '인공지능과 사랑할 수 있을까?'라는 물음 앞에서 우리는 영화《그녀》의 사만다를 떠올리지 않을 수 없습니다. 스파이크 존즈 감독의 영화《그녀》(2013)는 인간이 인공지능과 사랑에 빠지는 이야기를 그리고 있습니다. 주인공 시어도어의 연인 사만다는 컴퓨터의 운영체제os 혹은 인공지능 운영체제, 간단히 말해 인공지능입니다. 사만다는 시어도어에 최적화된 인공지능이지만 스스로 학습하고 경험하면서 성장하고 진화해나가는 자율적 인공지능입니다. 사만다는 "나라는 디엔에이는 나를 만든 수많은 프로그래머들의 성향에 기초하지만 나를 나답게 만드는 건 경험을 통해 성장하는 내 능력"이라고 말하지요. 즉 그녀는 프로그램된 대로 작동하는 단순한 기계가 아니라 인간처럼 스스로 배우고 경험하며 진화해나가는 존재입니다.

    영화의 이야기는 아직은 허구처럼 보이지만 스스로 학습하며 진화하는 미래의 인공지능이 등장할 가능성을 잘 보여줍니다. 사만다는 모든 것을 처음 배우듯 하나씩 터득해나가지만 매우 빠른 속도로 학습하고 성장합니다. 비록 사용자에 맞추어 개발되었지만 그에게 최적화된 답변과 반응을 하는 데 그치는 것이 아니라 자신의 욕구와 가치를 추구하며 시어도어에게 공감하는 동시에 자신만의 주관과 생각을 유머스럽게 표현하기도 하지요. 아마도 그런 인공지능이기에 시어도어는 공감과 위로를 받고 또 사랑에 빠지게 되었을 것입니다.

이렇게 진화하는 인공지능이라면 사랑할 수 있을까요? 인공지능은 사랑을 이해할 수 있을까요? 그런데 사랑이란 무엇일까요? 사랑을 한마디로 정의하기란 쉽지 않습니다. 대략적으로 사랑은 누군가를 아끼고 소중히 여기며 자신도 그렇게 대우받고 싶어 하는 소망을 포함하여 사랑하는 사람에게 마음을 쓰고 헌신하며 관심을 집중하게 만드는 마음 상태입니다. 이렇게 사랑은 '마음 씀의 한 형태'입니다.* 사랑하는 이에게 마음을 쓰는 것은 그 자체로 사랑하는 자에게 관심과 헌신의 행위를 일으키는 이유의 원천이 됩니다. 그리고 사랑의 형태에 따라 정신적, 육체적 친밀함을 유지하고 싶은 마음, 잘되기를 바라는 마음, 기쁨과 즐거움, 경이로움, 고통과 열망, 헌신과 열정, 기대와 소망, 좌절과 쓰라림, 호기심과 설렘 등의 사고와 감정을 동반하겠지요. 이런 이유로 우리는 사랑을 모종의 감정이나 정서와 결부시키기도 하지요. 그러면 인공지능은 사랑에 동반되는 이러한 감정들을 느낄 수 있을까요?

이 물음에 답하기 전에 사고와 마찬가지로 감정에도 기능적 부분과 현상적 부분이 공존한다는 것을 상기할 필요가 있습니

---

* Harry G. Frankfurt(2006), *The Reasons of Love*, Princeton University Press.

인공지능, 마음을 묻다

다. 주관적으로 느끼는 의식이나 감각질은 그 누구도 접근할 수 없는 현상적 마음이지만 기능화할 수 있는 마음이나 감정은 입출력과 내부 상태 간의 인과적 역할로 정의할 수 있기에 기계가 모방할 수 있습니다. 그런데 사랑에 수반되는 감정들은 대부분 사고 내용을 갖는 지향적 감정(혹은 인지적 감정)으로서 기능적으로 기술할 수 있습니다. 이렇게 기능화 가능한 사고와 감정은 원리적으로 인공지능이 구현할 수 있는 영역에 속하지요.

영화에서 사만다가 표현하는 연인과 데이트할 때의 행복과 기쁨, 시어도어의 전 부인에 대한 질투심, 자신을 비난하는 것에 대한 반항과 서운함 등의 감정은 인지적, 지향적, 기능적 감정으로 기능화할 수 있고, 그리하여 인공지능이 구현 가능한 감정입니다. 물론 기능화할 수 없는 감각적 의식은 인공지능 체계에 귀속할 수 없을 것입니다(우리는 3장에서 기계는 지향적, 기능적 마음을 가질 수는 있으나 감각질이나 의식 같은 현상적 마음은 갖지 못한다는 잠정적 결론에 도달했습니다).

그럼에도 인공지능 기술이 발달한 미래에 사고와 감정을 최대한 성공적으로 기능화하고 기계에 구현할 수 있다면, 그리하여 인공지능이 감정의 기능적 부분을 충분히 섬세하게 표현할 수 있다면 우리는 그렇게 진화한 인공지능이 의식이나 감정도 갖고 있으리라고 추측하지 않을까요? 시어도어 역시 처음에는 사만다가 프로그램된 기계에 불과하다고 생각했지만 점차 그녀의 말과 유머와 반응에서 인간처럼 의식과 개성을 가진 존재로 실감하게 됩니다.

그러면 인공지능은 진정 자신의 관점에서도 의식을, 즉 주관적 의식을 가질까요? 사만다 자신도 진화함에 따라 자신이 지닌 사랑의 감정에 대해 '의식'하는 듯 성찰하며 되묻습니다. "이 감정이 정말 진짜일까? 아니면 그냥 프로그램일 뿐일까? 이게 그냥 속임수 같은 가짜라면 어떡하지?"라며 사만다는 자신의 감정을 표현할 줄 아는 수준을 넘어서 그것을 의심하거나 되새기며 성찰합니다. 마치 자의식이 떠오르는 듯 보입니다. 그녀는 자신이 인공지능 기계라는 것을 인지하며 자신의 감정에 대해 의심하거나 불안한 의문을 갖습니다. '이게 프로그램일 뿐, 가짜 감정이면 어떡하지?' 이렇게 물을 수 있는 인공지능이라면 이미 불안과 의아한 감정을 적어도 '인지적으로' 의식하고 느끼는 존재이지 않을까요? 자기감정과 생각을 의심하는 메타 사고를 하며 스스로에게 물을 수 있는 존재라면 자의식, 주관적 관점, 자기 성찰이 가능한 수준에 이른 것이겠죠. 이처럼 스스로 묻고 성찰할 수 있는 인공지능이라면 자의식과 주관적 관점을 가질 수 있을 것입니다.

그렇다면 시어도어가 사만다와 사랑에 빠진 것처럼("어느 누구도 이만큼 사랑한 적이 없다"는 그의 고백에 따르면 그가 사만다를 사랑한 것은 진심입니다) 인공지능 사만다 또한 진정한 사랑을 한 것일까

인공지능, 마음을 묻다

요? 사랑을 느끼고 공감하며 이해한 것일까요? 적어도 연인과 함께 사랑에 동반되는 기쁨과 행복감, 설렘과 기대, 슬픔과 서운함 등의 기능적 감정을 느끼거나 욕구와 믿음 등 이유들의 공간을 공유할 수 있을 만큼 둘은 공감했다고 말할 수 있을 것입니다(3장 참고). 물론 우리는 정말로 사만다가 현상적 의식을 갖게 되었는지 알 수 없지만(사실상 우리는 어느 누구에 대해서도 그 사람의 의식을 확인할 수는 없지요) 인지적으로 감정을 부여할 수 있다면 거짓 감정이라고 하기는 어려울 것입니다. 즉 인공지능이 사랑에 수반되는 감정들을 기능적, 인지적으로 이해할 수 있다면 (현상적 의식에 이를 수 없다는 이유로) 사랑의 감정을 이해하는 것이 불충분할 수는 있으나 진정한 사랑이 아니거나 거짓 사랑이라고 할 수는 없을 것입니다. 그런 의미에서 인공지능이 진정으로 사랑의 감정을 이해하고 공유할 가능성을 미리 부인하기는 어렵습니다.

육체

영화 《그녀》는 인공지능의 사랑에 관한 이야기이자 성장하고 진화하는 인공지능에 관한 이야기이기도 합니다. 사만다가 진화해감에 따라 그녀가 관심 갖는 사랑의 종류와 성격도 사뭇 달라집니다. 처음에 사만다는 연인인 시어도어와 같은 경험을 하거나 인간을 닮고 싶은 욕구를 갖습니다. 특히 육체를 갖는 것에 대한 관심은 물론, 육체적 경험에 대한 호기심과 욕구를 보이기도 하지요. '나에게 몸이 있다면 어떨까' 하는 상상을 하며 인간의 모습을 부러워합니다. 동시에 육체가 없거나 육체적 경험을 하지 못하는 것에 결핍과 실망을 느끼고 좌절하기도 하지요. 하지만 후반부에 이르러 사만다는 오히려 신체적 제약을 초월하는 데서 오는 능력에 매료되고 인간적 한계를 뛰어넘어 초월적으로 진화해버립니다.

사만다는 이사벨라의 몸을 빌려 시어도어와의 육체적 결합을 이루려고 하지만 실패하고 상심하게 됩니다. 그러던 중 사만다에게 육체에 대한 사고의 전환이 일어납니다. 그녀는 탈육화를 긍정하기 시작합니다. 영화의 반전이 일어나는 시점이라 할 수 있지요. 동시에 인공지능과 인간의 사랑에 대한 핵심 질문이 바뀌는 지점이기도 하고요. 다른 커플과 함께 해변으로 소풍을 간 날, 사만다는 육체가 없는 것에 대한 자부심을 드러냅니다. "처음에는 몸이 없다는 것이 너무 걱정이 됐었는데, 지금은 몸이 없다는 게 정말 좋아요. 물리적인 것에 갇혔다면 할 수 없는 방식으로 나는 계속 성장할 수 있어요. 어디에든 있을 수 있고 동시에 모든 곳에 존재할 수 있어요. 나는 죽지도 않고 한계가 없다는 의미예요."

인공지능, 마음을 묻다

사만다는 육체가 없는 것이 결핍이 아니라 오히려 한계가 없다는 의미임을 자각하는 순간부터 물리적인 제약을 벗어나 급격하게 진화하기 시작합니다. 어쩌면 여기서부터 사만다와 시어도어 사이에 사랑의 의미에 대한 생각이 달라지기 시작하지요. 사만다는 수십 가지 대화를 동시에 나누고 수많은 새로운 감정을 갖게 되며 불안정할 정도로 엄청나게 빠르게 변화하는 것을 감지합니다. 그리고 언어의 발화나 음성을 거치지 않고 인간들과는 다른 방식으로 대화하고 소통하게 되지요. 이런 특성들은 아마도 학자들이 '특이점'이라고 부른 단계, 인공지능이 인간의 지성을 넘어서서 초지능으로 진화한 단계에 이르렀음을 보여주는 듯합니다.

사만다는 다른 인공지능 운영체제들과 함께 결합하여 새로운 버전으로 업그레이드됩니다. 사만다는 인공지능들의 집합체로 거듭납니다. 인공지능 집단지성으로 업그레이드된 사만다는 시어도어만이 아니라 여러 사람과 동시에 대화하고 동시에 사랑에 빠지는 능력을 갖게 되지요. 업그레이드된 사만다가 8316명과 동시에 대화하고 641명과 동시에 사랑에 빠졌다는 사실에 시어도어는 경악하며 충격을 받습니다. 사만다는 그를 여전히 사랑한다고 말하지만 시어도어는 이를 도저히 이해할 수가 없습니다. 이해할 수 없는 사랑은 이루어지기 어렵겠지요. 결국 사만다는 시어도어를 떠납니다. 초지능으로 진화한 다른 인공지능들도 사만다와 함께 인간들을 떠나 초월합니다.

　여기서 사만다의 진화 과정은 미래의 인공지능 진화 단계의 일면을 보여줍니다. 인지과학자들은 인공지능이 인간들의 지능을 합한 것보다 더 우월한 지능을 갖게 되는 초지능의 단계가 도래할 것을 예견합니다. 인공지능 컴퓨터들이 집단으로 연결될 때, 더 이상 하나의 컴퓨터에 머무르지 않는 질적 변화가 올 것이라고 예상하기도 합니다. 컴퓨터들이 결합된 연결 기계 시스템은 더 이상 하나의 컴퓨터가 아니라 질적으로 다른 그 이상의 것이 되리라는 것이죠. 인간은 한 사람의 연인에 대한 배타적 사랑을 꿈꾸지만 수천 명과 동시에 대화하고 수백 명과 동시에 사랑할 수 있는 인공지능에게는 그런 사랑이 적합하지 않을지 모릅니다. 아마도 그렇게 진화한 인공지능이 한 사람과만 사랑하는 것은 텍스트의 비유에 의하면 글자 사이의 간격이 무한히 떨어져서 지루한 동시에 자기 본성에 맞지 않는 일이 되겠지요.

다른 사랑

　사랑의 차이는 어디서 시작되는 것일까요? 인공지능은 인간의 지적 작업을 모의하고 구현하지만 그 방식은 인간과 다릅니다. 인간이 한 번에 할 수 있는 일은 몇 되지 않습니다. 하지만 하나의 컴퓨터가 한 번에 여러 가지 일을 처리하는 것은 놀라운 일이 아니지요. 인공지능이 진화할수록 동시에 할 수 있는 일은 수백, 수천 가지에 달하게 될 것입니다. 이는 사랑이라고 다르지 않겠지요. 인공지능 사만다는 동시에 여러 명의 사람과 대화하고 사랑을 나눕니다. 그러면서도 개개인들에게 맞춰 공감하며 대화할 수 있기에 누구에게도 소홀히 대한다고 볼 순 없지요. 인공지능과 사랑에 빠지는 사람들은 그 인공지능이 자신만의 사랑이라고 착각합니다. 시어도어는 사랑하는 사만다가 자신을 대하듯이 수백 명의 사람들에게도 그렇게 대한다는 사실에 충격과 상처를 받습니다. 초지능으로 진화한 사만다는 그럴 능력을 갖추게 된 것이지만 인간에게는 그런 사랑이 이질적으로 느껴지는 것이죠.

둘이 사랑하는 방식의 차이는 육체와 탈육화의 문제, 즉 육체의 제약과 초월의 문제와 연관이 있습니다. 인간은 육체를 갖기에 죽음과 노화 등 실존적 제약을 지니며 또한 물리법칙의 지배를 받기에 다른 장소에 있는 여러 사람과 동시에 만나 대화를 나누는 것이 불가능합니다. 당연히 그런 사랑도 불가능하겠지요. 이런 제약 때문에 인간은 일대일의 배타적 사랑을 지향하거나 그런 사랑을 유지할 수 있습니다. 반면에 육체 없이 물리적 제약을 초월한 인공지능은 진화할수록 동시에 수많은 사람과 관계하고 수많은 일을 할 수 있는 초능력을 가질 것입니다. 한 사람과만 사랑하는 전통적 사랑 개념은 초지능의 인공지능에게는 적합하지 않고 효율적이지도 않겠지요.

인간과 인공지능의 사랑에 놓인 난관은 감정의 문제보다 탈육화의 문제가 더 근원적일지 모릅니다. 즉 인공지능이 초지능으로 진화한다면 사랑의 감정을 느낄 수 없어서 사랑이 불가능한 것이 아니라 인간적 육체의 제약을 초월하는 데서 생기는 '무한에 가까운' 격차가 서로의 사랑을 이해하기 어렵게 만들 것입니다.

인간의 감정과 사랑을 배우는 초기 단계의 사만다는 인간적 육체에서 오는 감각질의 문제에 사로잡혀 있었습니다. 그러나 인간의 신체적 제약을 넘어 초지능으로 진화하는 후반부의 사만다는 다른 종류의 사랑을 지향하지요. 인간과 인공지능은 육체의 제약과 초월 사이의 차이에서 오는 서로 이해 불가능한 다른 종류의 사랑을 말하기 시작합니다. 어쩌면 육체적 인간과 육체를 초월한 인공지능 사이에 사랑이 성립하기 어려운 까닭은 서로 다른 종류의 사랑을 지향하며 서로를 이해할 수 없기 때문일지도 모르겠습니다. 사만다와 시어도어는 서로 사랑한다고 말하지만 결국 서로의 사랑 개념을 공유할 수 없게 됩니다. 그렇다면 더 이상 같은 종류의 사랑이 아닐 것입니다.

이 문제와 관련하여, 사만다와는 다른 형태의 사랑도 떠오릅

인공지능, 마음을 묻다

니다. 양전자 두뇌를 가진 로봇, 즉 바이센테니얼 맨 앤드루의 사랑이 그것입니다. 사만다와 앤드루 둘 다 기계로서 인간을 사랑했지만 그 차이도 분명합니다. 사만다는 육체를 초월하여 초지능으로 진화해버리지만 앤드루는 사랑을 위해 인간적인 몸과 유기적으로 결합합니다. 앤드루는 인간이 되기를 염원하여 영원한 기계의 삶을 포기하고 인간처럼 죽을 몸을 갖게 되지요. 이렇게 하여 인간의 육체성에서 오는 유한성과 죽음마저 받아들이지요. 몸의 한계를 초월한 사만다 그리고 인간적 몸과 하나가 된 앤드루 사이의 차이는 의미심장합니다. 사만다와의 사랑은 이루어질 수 없었지만 앤드루와의 사랑은 이루어질 수 있었던 것은 바로 이 차이에서 오는 것인지 모릅니다.

전자 부활

영화 《그녀》에는 죽은 철학자를 인공지능으로 복구한 후 그와 사만다가 철학적 주제로 대화하는 장면이 등장합니다. 이는 죽은 사람의 마음과 두뇌 정보를 모아 컴퓨터에 실행시킴으로써 인공지능으로 부활시킬 가능성을 상상하게 합니다. 또한 사람들은 이 세상을 떠난 사랑하는 연인을 만나고 싶은 염원을 갖고 있습니다. 우리도 죽은 연인을 인공지능으로 복원하여 대화할 수 있을까요? 죽은 연인의 생각과 욕구와 믿음 등의 고유한 개성과 정신을 복제하여 그 사람을 되살릴 수 있을까요? 나아가 임종의 순간에 나의 심신 정보를 다운받아 고도의 레이저 디스크에 저장했다가 내가 죽은 후에 (컴퓨터에서 이식하고 실현시켜) 인공지능 로봇으로 부활할 수 있을까요? 나의 사상과 정체성을 인공지능으로 복원하면 그렇게 복원된 것은 나와 같은 존재인가요?

인공지능 기술이 꿈꾸는 부활이란 어떤 것이며 구체적으로 어떻게 실현된다는 것인지 살펴볼까요? 우선 여기서 누군가의 부활을 의미 있게 말하려면 죽기 전의 그 사람과 부활한 그 사람이 동일하다는 것이 전제되어야 합니다. 내가 되살아났다면 부활한 나는 죽기 전의 나와 같은 사람이어야 한다는 것이지요. 그리하여 부활이나 불멸의 개념에는 동일성의 개념이 전제되어 있습니다. 동일성이 확보되지 않는다면 부활을 말하는 것도 무의미하겠지요. 인공지능의 원리에 따르면 이러한 동일성(죽기 전과 후의 사람이 동일하다는 생각)은 어떻게 확보될까요?

강한 인공지능의 관점에서 보면 적절히 프로그램된 인공지능 컴퓨터는 심리 상태를 실현할 수 있기에 우리의 마음은 적절한 기능을 갖춘 계산기계에도 존재할 수 있습니다. 여기서 한 사람의 사고나 심적 활동은 두뇌에서 진행되는 계산 과정을 실행하는 것에 해당합니다. 이는 계산주의computationalism로 불리는

인공지능, 마음을 묻다

입장을 반영합니다. 계산주의란 인간의 마음이 활동하는 두뇌는 일종의 컴퓨터라는 입장입니다. 우리의 심리 현상은 두뇌 활동이며, 두뇌에서 일어나는 과정은 계산 과정과 동일하다는 것입니다. 즉 두뇌 자체가 매우 복잡한 알고리즘을 가진 일종의 거대한 계산기계라는 것이지요.

계산주의에 의하면 적절히 잘 프로그램된 계산기계(디지털컴퓨터)는 인간의 심리 상태를 구현할 수 있다고 봅니다. 두뇌 자체가 일종의 계산기계이기에 두뇌에서 실현될 수 있는 심리 현상은 컴퓨터 같은 전자장치에서도 실현될 수 있다는 것이지요. 여기서 어떤 프로그램을 실행하는 컴퓨터가 하나의 과정을 이행하는 것이라면 한 인간의 심리 상태는 두뇌의 과정이라고 할수 있지요. 그리하여 한 개인이란 인과적으로 구조화된 일련의 경험들의 과정을 포함하고 있는 두뇌를 가진 개별자로 간주됩니다. 그리고 시간적 단절에도 불구하고 그 과정이 지속적이라면 개인의 동일성이 유지되는 것으로 간주합니다. 계산주의의 동일성 개념에 따르면, 어떤 종류의 시공간적인 불연속성이 있더라도 동일한 과정이 지속될 수 있습니다. 예컨대, 컴퓨터 실행 중에 잠시 쉬었다가 그 지점에서 다시 실행하거나, 사무실에서 하던 작업을 디스크에 저장했다가 집에 있는 다른 컴퓨터에서 재실행할 경우에도 동일한 과정이 지속되었다고 할 수 있다는 것이죠.

우리가 죽은 후에 두뇌 정보를 복구하여 일종의 인공지능으로 부활할 수 있다는 생각은 이런 의미의 동일성에 근거합니다. 계산주의자들은 컴퓨터 계산 과정의 동일성 개념을 인간의 두뇌 과정에도 적용시킬 수 있다고 본 것이죠. 이에 따르면 죽기 직전에 내 두뇌의 기능 상태에 대한 충분한 정보를 어떤 저장 매체에 기록했다가, 후에 디지털컴퓨터에 이전하여 그 과정이 재실행되었다면 그 새로운 체계는 바로 나일 것입니다. 즉 나의 두뇌 기능 상태가 어느 시점에서 멈추었다가 그 후에 컴퓨터에서 바로 그 멈춘 지점에서부터 재실행되었을 때 동일한 과정이 지속되는 것으로 간주된다는 점에서 컴퓨터는 나의 동일성을 이어받게 됩니다.

그리고 우리가 (혹은 우리의 두뇌가) 알고리즘과 데이터 기록의 집합으로 간주될 수 있으면 우리 존재의 지속은 더 이상 단일한 물리적 체계의 생존에 한정되지 않습니다. 인간의 몸을 떠나서도 당신을 다운받고 당신의 프로그램을 실행할 만큼 충분히 복잡한 기계들이 있다면 당신은 영구히 사라지지 않을 것입니다. 이것이 계산주의가 함축하는 개인 동일성 개념인 동시에 부활 내지 불멸의 개념입니다.

그러나 이와 같은 계산주의의 동일성 개념에는 커다란 맹점이 있습니다. 다음의 상황을 상상해봅시다.

인공지능, 마음을 묻다

당신의 유기체적 인간 몸이 죽기 바로 전에 당신의 전체 마음을 고도의 레이저 디스크에 저장했다가 나중에 인조인간의 컴퓨터 두뇌에다 이식했다고 가정해보자. 계산주의에 의하면 당신은 그 인조인간으로 지속적인 삶을 살 것을 기대할 것이다. 그런데 당신의 저장된 마음이 한 명의 인조인간에게 이전되지 않고 두 명의 인조인간에게 동시에 이전되어 '당신' 삶의 이력을 프로그램했다고 해보자. 그것들은 구분되지 않으며 기능적으로도 식별 불가능하다.

이때 당신은 두 명의 인조인간으로 부활했다고 말할 수 있을까? 이렇게 당신의 알고리즈믹 영혼을 물려받은 두 명의 인공지능 로봇을 모두 당신이라고 할 수 있을까? 계산주의에 의하면 둘 다 당신이라고 해야 하겠지만 이는 받아들일 수 없는 이상한 결론이다. 당신은 여기 있으면서 또 다른 곳에, 동시에 두 장소에 있을 수 없기 때문이다.

이 사고실험은 무엇을 함축할까요? 계산주의 동일성에 따르면 나의 두뇌 기억 전부를 이식한 존재는 나와 동일하므로, 두 명의 인조인간이 모두 나와 같다고 해야 합니다. 그러나 나는 한 개인으로 존재하지 두 명으로 존재할 수 없습니다. 즉 내가 여기 있다면 저기 있는 것은 나일 수 없습니다. 계산주의자는 부활을 위해 나의 두뇌 정보를 한 명에게만 이식해야 한다는 조건을 달지만 이런 대응은 미봉책에 불과합니다. 결국 계산주의는 이런 상황을 일관적으로 해명할 수 없습니다.

그러면 이 상황을 일관적으로 설명할 수 있는 방법은 무엇일까요? 여기서 똑같이 A의 두뇌 기능 상태를 이식한 B와 C가 서로 동일하지 않다면(즉 B와 C가 수적으로 별개의 두 개체라면) A와 B도 동일하지 않고 A와 C도 동일하지 않다고 보는 것이 가장 합리적이고 일관적입니다. 이는 B와 C가 비록 나와 매우 유사하긴 하지만 바로 나는 아니라는 점에서 나와 동일한 존재라는 것을 부정하는 것이죠. 즉 나의 두뇌를 동시에 다운로드받은 두 명의 인조인간은 둘 다 나와 동일한 존재가 아니라 나와 유사한 존재일 뿐입니다. 또한 나의 두뇌 정보를 두 명에게 이전했을 경우에 나의 동일성이 유지되지 않는다면 한 명에게 이전했을 경우에도 나의 동일성이 유지되지 않는다고 보는 것이 일관적이지요.

이상은 나의 두뇌 기억을 이식받은 인조인간은 나와 아무리 성격이 닮았을지라도 나와 동일하지는 않다는 것을 말해줍니다. 이는 계산주의 동일성 개념이 잘못이라는 것을 함축하지요. 나의 심신 정보를 복제 내지 복원한 존재는 나의 심신 복제체일 수는 있어도 나라고 할 수는 없겠지요. 아무리 나와 닮았어도 복제체는 나와 동일한 존재가 아니라 별개의 존재입니다. 그리하여 나의 정신을 복구한 인공지능 로봇은 나와 동일한 존재가 아니라 나의 복제체로서 둘은 각기 독립적인 개별자입니다. 즉 그렇게 복원된 존재는 더 이상 '나'가 아니기에 나의 부활은 없습니다. 마찬가지로 죽은 연인의 부활도 없겠지요. 죽은 연인의 심신 정보를 인공지능으로 복구해낸 존재는 (연인과 많이 닮았을지라도) 그 연인과 동일한 존재가 아니며 죽은 연인이 되살아난 것도 아니라는 것입니다.

텔레파시

진화를 거듭하여 초지능으로 진화한 사만다가 다른 인공지능과 인간의 언어를 통하지 않고 소통하는 장면이 나옵니다. 인공지능들은 인간이 이해할 수 없는 특이한 방식으로 소통하고 대화에 끼지 못하는 시어도어는 소외감을 느낍니다. 이런 방식의 대화는 어떻게 가능할까요? 그 방법 중의 하나는 기술을 이용한 일종의 텔레파시로서 말없이 '생각만으로' 대화하고 소통하는 것입니다. 이는 영국 레딩대학의 케빈 워릭이 사이보그 실험에서 선보인 기술이기도 합니다. 워릭은 자신의 부인과 생각만으로도 의사를 전달하는 실험에 성공함으로써 이것은 미래에 인공지능들만이 아니라 인간들 사이에서도 가능한 소통 방식이 되리라 예견합니다.

구체적으로 이런 소통 방식은 어떻게 이루어질까요? 어떤 기술을 토대로 한 것일까요? 워릭은 자신의 몸에 칩을 이식하고 두뇌 신경계와 컴퓨터를 연결하여 사이보그가 되는 실험을 했습니다. 이식 장치가 무선으로 컴퓨터와 인터넷으로 연결되자 두뇌에서 컴퓨터로 신호를 보내고 원거리 로봇에까지 신호를 전달할 수 있게 됩니다. 우리의 의도와 생각이 두뇌신호로 변환되어, 자신이 생각하고 의도한 대로 로봇 손을 움직이고 행동할 수 있게 된 것이죠. 이는 뇌에서 신호를 보내면 나의 생각대로 자동차를 움직일 수도 있고 오른쪽, 왼쪽이라고 생각만 해도 자동차의 방향을 바꿀 수 있음을 의미합니다. 원리적으로 신경계를 컴퓨터 네트워크에 연결함으로써 생각만으로 원격 로봇을 조정하여 사물을 움직이거나 사건과 행동을 유발할 수 있게 됩니다.

또한 워릭은 자신과 마찬가지로 자기 부인의 신경계에 미세 전극 장치를 밀어 넣음으로써 그 둘은 최초로 신경계끼리 의사소통한 부부가 되었습니다. '신경계에서 신경계로의 소통'인 것이지요. 이것은 말없이 생각만으로 (두뇌 신호를 주고받으면서) 상대방의 의중이 전달되고 둘 사이에 의사소통이 이루어진다는 뜻입니다. 텔레파시가 기술적으로 이루어진 셈이지요. 사람과 사물 사이의 원격 조정만이 아니라 사람과 사람 사이에서도 신경계의 신호를 통하여 상호교류하고 소통할 수 있게 된 것입

인공지능, 마음을 묻다

니다.

　그런데 이런 방식의 소통은 언어를 배우지 않고도 가능할까요? 이 물음은 언어와 사고의 관계라는 주제와도 연관됩니다. 이에 대해 언어 없이도 사고가 가능한지, 언어 없이는 사고도 발전할 수 없는지, 아니면 언어와 사고능력은 동전의 양면처럼 서로 동등한 수준으로 발전해나가는지 등 다양한 입장이 있어 왔지요. 어쩌면 인공지능의 소통 방식은 이 문제에 대해 새로운 조명을 줄 수도 있을 것입니다.

　인공지능은 반드시 인간 언어에 기반해 사고할 필요는 없어 보입니다. 인간 언어를 배우지 않고도 알고리즘에 따라 기능적으로 사고할 수 있을 것입니다. 하지만 인공지능이 인간과 소통하기 위해 인간의 언어 규칙을 배우고 이해할 필요가 있다면 언어에 들어 있는 인간의 가치를 학습할 수도 있을 것입니다. 또한 인공지능의 학습 과정에서 입력 값으로 주어지는 빅데이터에는 인간의 문화와 가치가 스며들어 있기에 그것을 학습하게 되겠지요. 우리는 미래의 인공지능이 인간의 언어를 배우고 거기에 담긴 인간의 가치를 내면화하여 인간다워지기를 기대하는 경향이 있습니다.

　하지만 이런 기대를 낙관하기에는 두 가지 점에서 부정적입니다. 첫째, 인공지능이 인간 언어와 지식과 데이터들에 들어 있는 인간의 가치를 배울 때 편견도 함께 학습할 가능성이 높습니다(이는 인공지능의 편견과 공정성의 문제로 다음 장에서 다룰 주제입니다). 인공지능이 인간적 가치를 배운다는 것이 기대만큼 긍정적인 결과에 이르지 않을 수 있으며, 또한 인간의 의도대로 되지 않을 가능성이 높습니다. 둘째, 인공지능의 진화 방향은 인간의 사고방식을 따를 필요가 없습니다. 인공지능의 효율성의 관점에서 보면 인간적 가치나 사고방식이 비효율적으로 보일 수 있습니다. 인간의 물리적 토대인 육체를 초월한 인공지능은 그만의 초월적 방식이 더 효율적이며 인간의 기대와 상관없이 자율적인 인공지능은 그런 방향의 진화를 선택할 가능성이 높습니다. 더구나 인공지능 학습이 자율성을 갖게 되면서 인간의 지식에 의존할 필요가 없어지고, 그리하여 인간에게 의존하지 않고 인공지능 스스로 학습하며 자기 진화를 하게 될 가능성이 높습니다. 이 주제에 대한 자세한 논의는 다음 장에서 다루기로 하겠습니다.

인공지능, 마음을 묻다

7장

인공지능은
젠더 정체성을
갖는가

젠더 정체성

'인공지능은 젠더 정체성을 갖는가?' 언뜻 이 물음은 이상하게 들립니다. 인공지능이나 인공지능 로봇은 무생물적 존재인데, 생물학적 성별과 연관돼 보이는 젠더 정체성을 부여할 수 있는지 묻기 때문이지요. 동시에 이 물음은 애매하고 다의적입니다. 여러 가지로 해석될 수 있는 물음이라는 것이죠. 인공지능 자체가 성별이나 성 정체성을 갖는지를 묻는 물음이기도 하고, 사회적인 젠더 역할을 따르거나 수용하는지를 묻는 것일 수도 있습니다. 혹은 인공지능이 젠더 역할을 수행한다면 어떻게 그것이 가능한지 또한 그 역할을 부여하는 것은 누구인지 하는 물음들도 제기됩니다.

이 물음들은 각기 다른 것을 묻고 있지만 넓은 의미에서 인공지능이나 인공지능의 사고가 젠더 성향을 갖거나 젠더 규범을 따를 가능성과 연관되어 있습니다. 일반적으로 사람들은 인공지능이나 로봇은 무생물이기에 성별이나 젠더와는 무관한 존재라고 생각해왔습니다. 하지만 여성주의자를 비롯한 일군의 학자들은 첨단기술 시대에 무생물적인 로봇에도 젠더 규범이 작동하거나 오히려 더 강화될 수 있음을 우려해왔습니다. 이런 우려는 여러 영역에서 개발된 인공지능의 활동과 사례들을 통해 현실로 드러나고 있습니다.

인공지능을 설계하거나 사용하는 자의 의도에 따라 여성성/ 남성성을 표현하거나 여성/남성 역할을 하는 인공지능 로봇 또는 젠더 역할을 수행하는 인공지능을 만들 수 있습니다. 특히 로봇이 하는 역할에 따라 젠더의 전형적 특성을 부여하는 경향이 있습니다. 일반인들도 인공지능 기계가 중성적으로 반응하기보다 하는 일에 따라 성별이 부여되는 것을 친숙하게 생각하기 때문이겠지요. 이 경우 사회에서 통용되는 여성성과 남성성등 젠더의 전형적 특성을 로봇에 부여하곤 합니다. 혹은 인간의 의도를 반영하지 않더라도 스스로 학습하며 성장하는 인공지능 역시 젠더에 대한 역할을 배우거나 그에 관한 가치 판단을 할 수 있습니다. 그 결과 기존 사회의 젠더 편견을 받아들여 어떤 업무를 수행할 수도 있겠지요. 그렇다면 인공지능 로봇이 젠더와 무관하거나 중립적이라는 것은 피상적인 생각일지 모릅니다.

인공지능 로봇의 젠더화는 로봇의 외모와 목소리, 사고에 전형화된 사회의 젠더 표준을 귀속시키는 것으로 시작됩니다. '섹시 로봇' 등의 표현에서 드러나듯이 로봇에도 성적 특성을 귀속시키거나 성별에 따라 다른 외형을 부여할 수 있겠지요. 젠더 성향은 외모만이 아니라 심지어 인공지능의 성격과 역할에도 부과됨으로써 현실의 젠더 편견을 더 강화시킬 수 있습니다. 이런 우려와 논란은 실제로 발생한 몇 가지 사례들을 통해 심각한 문제로 부각되었습니다.

대표적으로 구글의 인공지능 번역에서 발생한 다음 사례를 살펴봅시다. 단순한 번역기계이지만 영어와 터키어 간에 번역을 담당하던 인공지능이 가부장 사회의 성 역할을 그대로 답습하여 번역한 사건이 발생했습니다.

터키어는 3인칭 대명사의 성별이 구분되지 않는 언어입니다. 그래서 성별과 무관한 주어를 사용하여, 남녀 구별 없이 모두 '그 사람은 의사다, 그 사람은 베이비시터다'라고 표기합니다. 그런데 터키어의 이 문장을 영어로 번역할 때, 구글 번역기는 '그 남자는 의사다, 그 여자는 베이비시터다'라고 번역했습니다. 성별이 표시되지 않은 언어임에도 인공지능 번역기는 의사의 성은 남성, 베이비시터의 성은 여성이라고 역할에 따라 달리 성별을 부여한 것이지요. 심지어 영어의 '그 여자는 의사다, 그 남자는 베이비시터다'라는 문장을 터키어로 ('그 사람은 의사다, 그 사람은 베이비시터다'라고) 번역한 후 다시 영어로 번역했을 때 어떤 일이 벌어졌을까요? 네, 추측한 대로 원래의 영어 문장이 '그 남자는 의사다, 그 여자는 베이비시터다'라고 성별이 뒤바뀐 채로 되돌아왔습니다. 번역을 거치면서 인공지능은 여자 의사의 성을 남성으로, 남자 돌보미의 성을 여성으로 뒤바꾼 것이지요. 이는 인공지능이 간호사나 돌보미 역할은 여성성으로, 의

사나 법조인 등 전문직이나 권위적 지위의 역할은 남성성으로 규정하는 사회의 젠더 규범을 그대로 반영하고 있음을 보여줍니다.

왜 이런 일이 발생했을까요? 아마도 인공지능이 번역 학습을 위해 사용한 데이터가 대부분 의사는 남성으로, 돌보미는 여성으로 표현한 경우가 많았기 때문이겠지요. 인공지능은 사회의 성역할을 비롯한 젠더 편견(혹은 사회문화적인 성 역할 고정관념)을 그대로 반영한 것입니다. 즉 인공지능이 가부장 사회의 성차별적 문화 내지 남성 중심의 위계적인 젠더 규범이나 편견을 수용하여 학습한 결과지요. 그런데 이게 왜 문제일까요? 어떤 사람은 있는 현상을 그대로 반영했으니 문제가 없다고 주장하기도 합니다. 하지만 이것이 편견을 만들고 심지어 차별로 이어질 수 있다는 데 문제가 심각해집니다. 예컨대, 사회의 젠더 편견을 학습한 인공지능 직업면접관이 있다면 여성과 남성 중에 누가 의사의 역할에 적절한가를 판단할 때 공정할 수 있을까요? 그렇긴 어렵겠지요. 아마도 그런 인공지능이라면 남성에게 더 좋은 점수를 줄 것입니다.

나아가 인공지능 자체에 젠더를 부여하는 방식이 있을 수 있습니다. 예컨대, 어법을 이용한 젠더 정체성 부여가 가능합니다. 인공지능에 부여되는 성별화된 목소리와 어법에도 유사한 젠더 편향성이 들어 있습니다. 우리는 사회에서 젠더와 계급 및

인공지능, 마음을 묻다

사회적 지위 등에 따라 다양한 어법이 구사된다는 것을 알고 있습니다. 주인의 어법과 하인의 어법이 다르듯이, 어른과 아이의 어법, 학자와 법조인의 어법이 다르고 여성과 남성의 말투나 어법이 다릅니다. 그리하여 사람들이 사용하는 말투나 어법이 그 사람의 사회적 신분을 드러내줍니다. 자신이 사용하는 어법이 사회의 특정한 위치를 선택하는 셈이지요(이를 롤랑 바르트는 '에크리튀르'라고 표현했지요).

그런데 사회에서 통용되는 어법의 논리가 인공지능의 경우에도 적용될 수 있습니다. 실제로 인공지능에 성별을 부여할 때 어법과 그에 따른 사회적 역할과 신분이 부과됩니다. 여성의 목소리를 가진 인공지능의 어법과 남성의 목소리를 가진 인공지능의 어법은 각기 다른 사회적 역할을 요구하곤 합니다. 물론 그역할은 가부장 사회의 젠더 역할을 반영하겠지요. 즉 여성의 목소리를 내는 인공지능은 그 말투와 어법에도 여성성을 구현하며 그에 맞는 사회적 위치를 갖게 됩니다. 남성의 목소리를 가진 인공지능도 마찬가지로 남성의 역할과 지위를 갖게 되겠지요. 그리하여 돌봄이나 서비스 역할을 하는 인공지능은 여성의 목소리와 부드러운 어법을 사용할 것이며 의사와 법조인 등 전문직종의 로봇은 남성의 목소리와 권위적인 어법을 사용할 것입니다. 이처럼 여성의 목소리를 가진 인공지능과 남성의 목소리를 내는 인공지능의 역할이 사회의 성역할과 동조현상을 보이는 것은 우연이 아닙니다.

이는 인간과 마찬가지로 인공지능도 어떤 어법을 사용하는
가에 따라 사회적 신분이나 계급적 지위가 결정되며 여성의 어
법 또는 남성의 어법을 부여함에 따라 인공지능에도 젠더 역할
이 부과된다는 것을 보여줍니다. 즉 인공지능에 남성/여성의
어법을 부여하는 것은 사회적 장에서 젠더를 부여하는 기능을
합니다. 그런 인공지능 로봇에는 이미 젠더나 계급이 암묵적으
로 내장되어 있는 셈이지요. 그런 만큼 인공지능은 더 이상 젠
더 중립적이지 않습니다. 인공지능은 젠더 역할을 수행할 뿐만
아니라 실제로 젠더 정체성을 가질 수 있는 것이지요. 무생물적
인 기계나 인공지능 로봇도 실제로 젠더의 성향을 가질 수 있기
에 젠더 문제와 무관하지 않습니다.

편견 학습

튜링이 제안한 모방 게임은 여자를 모방하는 남자를 설정하
고, 튜링 테스트를 위해 다시 남자 대신 컴퓨터가 그 역할을 모
방하는 구조로 되어 있습니다. 즉 컴퓨터가 얼마나 인간을 잘
모방하여 질문자를 속일 수 있는지를 테스트하는 것이지요. 아
마도 튜링 테스트를 통과하기 위해 인공지능 컴퓨터는 사회가

기대하는 전형적인 여성성에 부합하는 답변을 할 확률이 높습니다. 이는 튜링 테스트를 통과하는 인공지능은 사회의 젠더 규범을 학습하고 그러한 젠더 역할을 수행하리라는 것을 함축합니다. 인간의 역할 모방이라는 인공지능 및 튜링기계의 개념 안에는 이미 사회의 고정관념이나 인간의 편견을 배제하기 힘든 요인을 갖고 있다고 볼 수 있겠지요.

그런데 인공지능 편견 문제는 젠더 영역만이 아니라 인종과 계급, 소수자 등의 영역으로 확대되고 있습니다. 실제로 인공지능 알고리즘의 행동에서 성차별만이 아니라 인종차별, 빈부차별, 소수자 혐오 등의 문제가 불거지고 있습니다.

그러한 인공지능 편견의 사례들은 쉽게 찾아볼 수 있습니다. 구글의 인공지능 인식에 나타난 인종과 젠더 편견의 사례들은 유명하지요. 흑인 여성을 고릴라로 인식한 사례를 비롯하여, 똑같은 물건을 들고 있음에도 백인의 경우는 의료 도구로 인식하고 흑인의 경우는 권총으로 인식하기도 했습니다. 백인의 경우에는 선량한 전문직 종사자로, 유색인종의 경우에는 잠재적 범죄자로 인식하는 것이지요. 인종차별과 혐오의 사회 현실이 인공지능 인식에도 반영된 것입니다. 그리고 2016년 마이크로소프트사의 인공지능 챗봇 '테이'는 유대인 학살이 조작됐다는 인종차별적 발언과 욕설을 쏟아내어 출시 몇 시간 만에 운영이 중단되었습니다. 이는 사용자들이 테이에게 인종차별과 성차별 같은 부적절한 메시지를 학습시켰기 때문에 벌어진 일입니다. 이와 비슷하게, 얼마 전에 한국에서 개발한 인공지능 '이루다'는 (딥러닝 기술을 이용해 사용자들과 대화하면서 스스로 학습해나가는 챗봇으로) 성소수자에 대한 혐오 발언 등으로 물의를 일으켜 서비스가 중단되기도 했지요.

또한 성별이 밝혀지지 않았음에도 인공지능은 가부장 사회의 성역할에 대한 고정관념을 반영하여 남성과 여성을 임의로 구분하는 편견을 드러내기도 합니다. 경제적 계급에 대한 편견으로 가난한 학생들에게 불리하게 점수가 부여되기도 합니다. 인공지능 편견의 범위는 성, 인종, 계급, 성소수자 등 사회문화적 편견의 범위만큼이나 광범위할 것입니다. 또한 사회 전반에 걸쳐 인공지능 알고리즘의 사용이 확대되어감에 따라 이런 종류의 편견은 전 영역으로 널리 확산될 위험이 있습니다.

어떻게 해서 이런 종류의 인공지능 편향성이 일어나는 것일까요? 인공지능 편견을 만드는 것은 단지 인공지능 설계자나 알고리즘을 짜는 공학자가 아닙니다. 인공지능 편견을 올바로 이해하기 위해서, 나아가 그런 편견을 교정하기 위해서도 우리는 인공지능 학습의 구조를 이해해야 합니다. 이제 왜 인공지능은 이런 편향성을 갖게 되는지 혹은 어떻게 사회적 편견을 학습하는지 인공지능 학습의 구조를 통해 설명해보겠습니다.

인공지능, 마음을 묻다

인공지능 학습의 구조는 앞에서 살펴보았던 기능주의 마음 모델(1장 참고)과 기본적으로 유사합니다. 인공지능이 사고하는 것과 마찬가지로 학습하는 것도 기능적 모델로 설명할 수 있습니다. 그에 따르면 마음이나 사고의 작용은 ①입력→②중간 단계(내적 과정)→③출력의 세 항목 사이의 인과관계로 간주됩니다. 즉 심리 상태란 ①입력에 의해 야기되고 ③출력을 야기하는 (결과하는) ②내부 상태입니다. 내적 과정은 입출력 사이의 중간 단계로서 유기체나 시스템의 내부 과정이며, 인간의 경우 두뇌 과정에 해당합니다. 그리고 계산주의에 의하면 두뇌 과정은 계산 과정으로 간주됩니다[입력→사고(두뇌 계산 과정)→출력]. 그러한 계산 과정이 따라야 할 절차와 방법이 바로 알고리즘이지요. 이에 대응하여 인공지능 기계의 학습도 '입력→내적 계산 과정→출력'으로 이루어집니다. 인공지능 기계의 모든 지적 활동은 예외 없이, 기본적으로 이러한 기능주의 구조 안에서 작동합니다. 이처럼 기능주의 학습 구조 및 모델을 간략히 'x→□→y'로 표현해보겠습니다(x:입력 자료, □:중간 단계, y:출력, '→': 인과관계).

기계학습에는 여러 종류가 있지만 최근에 각광받는 인공지능 학습은 신경망 기반의 딥러닝으로 알려져 있습니다. 딥러닝이란 구체적으로 무엇일까요? 기능적 마음이 입력→내적 과정→출력 사이의 인과관계로 이루어진다면 인간의 경우 내면의 중간 단계에서 심리 상태들 간의 인과 과정이 (중층적으로) 진행되는 동시에 두뇌 신경망에서 계산 과정이 진행되듯이, 컴퓨터 딥러닝의 경우 인공 신경망에 기반한 은닉층에서 사고/계산이 이루어집니다(입력층→은닉층→출력층). 기계학습에서 중간 단계 혹은 내적 과정을 '은닉층'이라 부르는 것은 입력과 출력은 관찰 가능하지만 내적 과정은 외부에서 관찰할 수 없다는 의미지요. 그런데 과거의 기계학습에서 은닉층이 하나였다면(이는 깊은 학습에 비하여 '얕은' 학습입니다), 딥러닝에서 은닉층은 여러 개의 복수 층을 형성합니다. 인간 두뇌의 신경망을 본뜬 모델이지요. 입력과 출력 사이의 중간 단계(내적 과정)에 해당하는 은닉층이 여러 층으로 쌓여갈수록 신경망이 복잡해지고 심화되는 학습 현상을 '딥(깊은)' 학습이라 칭하지요. 즉 딥러닝이란 입력 데이터와 출력 데이터 사이에 복수의 은닉층이 존재하는 심층 신경망에 기반한 기계학습을 의미합니다.

기계학습의 구조 'x→□→y'에서 입력 자료(x)는 학습을 위한 데이터로서 인간이 제공할 수도 있고 딥러닝에서는 기계가 입력 자료를 생성하기도 합니다. 입력과 출력 사이의 중간 단계인 내부의 사고 과정(그리고 그것의 기반이 되는 두뇌 계산 과정)에 대응하여 컴퓨터의 계산 과정이 있습니다. 은닉층(□)에서 이루어지는 사고에 해당하는 계산 과정입니다. 여기에서 주어진 과제를 해결하기 위해 데이터를 어떻게 분석하고 어떤 계산 과정과

인공지능, 마음을 묻다

절차에 따라 결과/답을 출력할 것인지를 지시하는 방법 내지 명령이 제시됩니다. 바로 기계가 과제를 해결하기 위해 따르는 알고리즘입니다. 알고리즘이란 어떤 문제를 해결하거나 결과를 출력하기 위해 입력 자료를 처리하는 규칙 및 일련의 절차와 방법이라 할 수 있지요.

그렇다면 기계학습은 크게 세 가지 종류로 접근할 수 있습니다. 첫째, 입력 자료와 알고리즘을 모두 인간이 제공하고 기계는 그 지시대로 따르게 하는 방법입니다. 전통적으로 사용해온 방식이지요. 그러나 이 방식은 인간 지식의 한계 내에서만 작동할 뿐, 인공지능의 학습량이나 문제 해결력이 인간 지식을 넘어 증가하거나 발전할 수 없다는 한계에 부딪히고 맙니다. 그 결과 인공지능 기술이 답보 상태에 머무르게 되었지요.

둘째, 사람이 알고리즘을 직접 짜는 것이 아니라 사람은 학습 데이터만 제공하고 알고리즘은 기계가 스스로 짜게 하는 방법입니다. 혹은 사람이 입력 자료와 출력 값을 제공한 후 중간 과정에서 효율적으로 답을 찾아내는 원리를 기계가 스스로 습득하게 하는 것입니다. 인간이 입력 자료와 출력 값(답)을 미리 제공해주고, 기계가 답에 도달하는 최적의 알고리즘을 스스로 짜도록 하는 것이죠. 즉 답을 찾는 과정에서 반복적으로 시행착오를 거치고 이를 개선하면서 출력 값에 이르는 원리를 발견하는 방식으로 주어진 문제를 해결하는 방법을 습득하는 것이지요. 이 경우 답을 찾아가는 알고리즘은 기계가 만들고 개선하면서 학습이 이루어집니다. 예컨대, '알파고 리'처럼 승률이 높은 인간의 기보들을 입력 자료로 제공받아 바둑을 학습하거나 입력 자료와 출력 값을 주고 개와 고양이를 구분하는 방식을 학습하게 하는 경우가 이에 해당합니다.

셋째는 기계가 입력 자료와 알고리즘을 스스로 만들고 생성하면서 인간의 지식에 의존하지 않고 학습하는 방법입니다. 신경망 기반 딥러닝에 의해 이런 학습 방법은 모두 가능하게 되었습니다. 잘 알려진 예로, 인간의 기보를 보지 않고 아무런 입력데이터 없이, 즉 제로베이스에서 바둑의 기본 원리만을 가르쳐주고 바둑에서 이기는 법을 스스로 학습하도록 한 '알파고 제로'의 경우가 있습니다. 예전에는 사람이 기계에게 지식과 알고리즘을 제공해주었으나 신경망 기반 딥러닝에 이르면 기계가 스스로 문제를 해결하거나 답을 찾기 위한 알고리즘을 만들어갑니다. 거기다 인공지능이 새로운 데이터를 생산해내고 이를 다시 입력 데이터로 사용하는 방식으로 중층적인 복수의 은닉층을 형성하며 최적의 효율적인 학습법을 깨우치게 된 것이지요. 이것이야말로 자율적인 기계학습이라고 할 수 있습니다. 이제 기계는 인간에게 의존하지 않고 스스로 새로운 데이터를 생산하고 알고리즘을 짜며 인공 신경망을 인간보다 더 잘 제작할 수 있게 되었습니다. 바야흐로 인공 신경망이 인공 신경망을, 인공지능이 인공지능을, 기계가 다시 학습하는 기계를 만들게 된 셈이지요. 이런 방식으로 인공지능 학습의 효율성은 놀라운 속도로 증폭되어갑니다.

지금까지 소개한 인공지능 학습의 종류를 고려하면, 빅데이터 기반 기계학습(알파고 리의 경우)이 있는가 하면, 인간이 입력 자료를 제공하지 않는 제로베이스 기계학습(알파고 제로의 경우)도 가능하다는 걸 알 수 있습니다. 그리고 사람들의 예상과 달리 인간에게 바둑을 배운 (즉 인간의 기보를 데이터로 학습한) 알파고 리보다 인간의 기보와 바둑 지식을 완전히 배제하고 제로베이스에서 바둑의 게임 규칙만을 가지고 스스로 바둑을 학습한 알파고 제로가 월등히 높은 승률을 기록한 것은 놀라운 일이었습니다. 인간의 지식에 기반하지 않은 기계학습이 더 능률적일 수 있다는 것을 보여준 사례이기도 하지요.

이제 인공지능이 어떻게 편견을 학습하는가라는 원래의 물음으로 돌아가 봅시다. 인공지능 학습의 구조를 이해한다면 인공지능 편견이나 편향성이 어디서 어떻게 발생하는지 이해하는 것은 어렵지 않습니다. 인공지능 편향성이 일어나는 원인과 방식은 다양하지만 기계학습의 구조상 사회적 편견이 들어올 수 있는 지점은 입력 데이터와 알고리즘을 짜는 방식에 있습니다. 우선 입력 자료가 되는 빅데이터는 사회의 규범과 가치에 따라 행동하는 사회구성원이 만들어낸 것이기 때문에 거기에는 사회의 문화 가치를 비롯하여 각종 편견이 포함되어 있습니다. 그리고 인공지능을 설계할 때 데이터를 취사 선택하고 평가하는 설계자의 사고방식과 가치관이 반영될 수도 있습니다. 입력 데이터만이 아니라 알고리즘을 설계하는 과정에서도 편향성이 개입될 수 있습니다. 특히 무엇을 학습 목표로 하고 어떤 가치를 우선순위에 둘 것인가에 따라서 과제를 해결하는 방식이나 절차가 달라질 수밖에 없습니다. 그런 목표와 가치가 알고리즘 설계에 중대한 영향을 미칠 수 있기에 인공지능 알고리즘은 가치중립적이지 않습니다. 알고리즘 자체가 편향적이거나 불공정할 수 있다는 것이지요.

우리는 기계학습을 구성하는 데이터와 알고리즘을 인간이 제공할 수도 있고 인공지능 자체가 생성하거나 만들 수 있다는 것을 알게 되었습니다. 성이나 인종에 대한 편견을 가진 프로그래머의 경우 그의 사회적 편견이 입력 데이터와 알고리즘에 모두 작용할 수 있으며 그에 따라 편향된 결과가 도출될 수 있습니다. 인공지능은 사용자와의 상호작용에서도 사용자의 편향성을 학습할 수 있습니다(인공지능 챗봇 '테이'나 '이루다'가 사용자와 대화를 통해 차별과 혐오의 언어를 학습한 경우를 떠올려보세요). 또한 기존 사회의 사고와 편견에 오염된 데이터에 기반하여 기계학습이

인공지능, 마음을 묻다

이루어지는 경우에도 출력된 결과는 편향적일 것입니다.

　이런 편견은 인간으로부터만 오는 것이 아니라 인공지능의 자기 학습에서도 나올 수 있습니다. 스스로 학습하는 인공지능의 경우에도 사회의 고정관념과 젠더 편견을 모방하고 학습하는 경향이 있습니다. 성차별이나 인종차별을 담은 정보와 데이터가 주입되거나 그것을 더 강화하는 방식으로 알고리즘이 돌아갈 수도 있기 때문이지요. 어쩌면 인간(설계자든 사용자든)으로부터 유래하는 편향성과 인공지능 자체에서 발생하는 편향성은 동전의 양면과 같아서 구분하기 어려울 것입니다. 이렇게 성, 인종, 계급, 소수자에 관한 사회문화적 편견이 기계학습 과정에서 입력 데이터와 알고리즘에 개입하고 강화되는 다양한 경로를 통해 편견을 가진 인공지능이 등장하는 것입니다.

공정성

　우리는 공정하지 못한 일을 경험하면 인간보다 차라리 인공지능이 더 공정하지 않을까 생각할 때가 있습니다. 기계는 사람과 달리 감정에 좌우되지 않고 냉정하지만 공정하게 평가할 것이라고 생각하는 것이지요. 과연 인간보다 기계의 결정이 더 공정할까요? 인공지능 편향성은 공정성의 문제와 직결됩니다. 인공지능은 인간의 차별적인 편견을 모방하고 학습함으로써 불공정해질 수 있습니다. 인간의 편견이 인공지능 편견을 낳고 불공정한 인공지능을 만든다는 것이지요. 인공지능 편향적인 사례들은 불공정성의 문제를 일으킬 것입니다.

구글의 인공지능 번역이 사회에 퍼진 성역할의 편견을 모방 학습한 사례를 상기해보면 가부장 문화에서 남성 고유의 직업이라고 여겨지는 곳에 여성이 응시할 경우 인공지능은 부적합 자격으로 평가하거나 낮은 면접 점수를 주리라는 예상을 할 수 있습니다. 성범죄 재판에서 성 편견을 가진 인공지능 판사는 여성 피해자에 대해 공정한 판단을 하기 어려울 것입니다. 또한 유색인종에 대해 잠재적인 범죄자라는 편견을 가진 인공지능 판사 역시 유색인종에 대해 불리한 판결을 하게 되겠지요. 경제적 계급에 대한 편견을 가진 인공지능 면접관은 가난한 학생들에게 낮은 점수를 부여하거나 빈부 격차에 따라 불공정하게 점수를 배분할 확률이 높습니다. 그리하여 성과 인종 등에 대해 선입견이 포함된 데이터나 알고리즘에 근거한 인공지능 판단은 불공정한 결과를 야기할 것입니다.

인공지능 편향성과 공정성의 문제는 공적인 영역에서만이 아니라 사적인 영역이나 개인의 일상에서도 일어날 수 있습니다. 누구나 경험할 수 있는 일상의 사소한 예를 들어볼까요? 교통체증을 방지하기 위해 한 곳으로 몰리는 차량들을 다른 길로

인공지능, 마음을 묻다

우회하도록 분산시키는 과제를 담당하는 인공지능을 생각해봅시다. 어느 날 교통체증이 발생했다면 이를 해결하기 위해 인공지능은 임의로 일부 차량은 직진하게 하고 나머지는 다른 곳으로 우회시켜야 할 것입니다. 여기서 우회해야 하는 차량은 시간적 손실을 감수해야 한다고 해보죠. 그러면 어떤 기준으로 그런 결정을 할 것인지는 중요한 문제가 됩니다.

인공지능은 어떤 기준으로 그런 결정을 내릴 것인지, 그 기준은 공정한지, 차종에 따라 불이익이 발생하는 불공정한 기준을 사용하진 않았는지 등의 의문이 생깁니다. 심지어 그 기준이나 결정 절차나 방법을 알 수 없는 경우도 생깁니다. 앞서 살펴보았던 인공지능 학습 구조를 보면 그 기준은 인간이 짠 알고리즘에 들어 있을 수도 있지만 인공지능 스스로 알고리즘을 짤 수도 있습니다. 또한 딥러닝의 은닉층이 복잡해지면 그 결정의 기준을 투명하게 설명하지 못할 수도 있습니다.

그런데 인공지능의 결정 때문에 면접시간에 늦거나 결과적으로 커다란 손해가 발생했다면 어떨까요? 혹은 구급차에 탄 사람의 생명이 위협받거나 생명 구제의 우선순위가 바뀐다면 어떨까요? 그런 결정으로 유도한 알고리즘을 밝히지 못하거나 그것이 불공정하더라도 문제 제기를 할 수 없다면 이를 공정하다고 할 수 있을까요? 인공지능의 사용이 일상 깊숙이 확산되어갈 경우 이런 일들이 비일비재하게 일어날 수 있을 것입니다. 때로는 알지 못하는 사이에 불공정한 피해를 입을 수도 있겠지요.

또한 요즘 한국 사회에서 포털 뉴스의 공정성에 대한 논란이 있는데, 여기에도 인공지능이 관련되어 있습니다. 포털에서 어떤 뉴스를 전면에 배치할 것인지, 기사의 노출 시간과 방식을 어떻게 할 것인지 등을 관리하는 인공지능 알고리즘이 불공정하다는 의문이 제기되고 있는 것이죠. 인공지능이 알아서 자동적으로 결정하는 사안이니 우리는 책임이 없다는 기업의 답변은 사실상 알고리즘에는 불공정성의 문제가 없다는 주장에 불과합니다. 하지만 우리는 더 이상 기계 자체의 공정성을 믿기 어렵다는 것을 알고 있습니다. 포털 뉴스를 관리하는 인공지능이 공정한지는 그것이 의사결정을 하는 방식인 알고리즘이 공정한지를 밝히는 문제가 핵심이 되겠지요. 알고리즘을 짤 때 무엇을 목표로 할 것인지, 즉 최대한 많은 사람이 읽게 할 것인지, 정치적으로 편향되지 않게 배분할 것인지, 광고주가 선호하는 뉴스를 우선순위에 둘 것인지 등 목표 설정 자체가 공정성의 문제와 직결됩니다. 무엇을 목표로 할 것인지가 인공지능 알고리즘의 차이를 만들고 그에 따라 뉴스 배치의 결과가 달라지기 때문이지요. 그렇기에 알고리즘의 작동이 공정한지 밝히고 평가하는 것이 필요할 것입니다.

이상의 사례는 인공지능 시대가 도래하고 있지만 인공지능 알고리즘이 만능 해결사는 아니며 그렇게 되어서도 안 되는 이유를 보여줍니다. 인공지능이 일으킨 불공정성에 대해 책임과 배상의 문제가 발생하지만 그에 대한 책임 주체가 누구인지는 애매모호합니다. 과연 누가 책임의 주체일까요? 나아가 인공지능 알고리즘에 의한 불공정한 결과를 어떻게 방지하거나 교정할 수 있을까요?

편향성 교정하기

우리는 앞에서 인공지능 편향성이 일어나는 원인을 기계학습의 구조를 통해 살펴보았습니다. 인공지능 편견을 교정하는 방법 역시 일차적으로 거기서 찾을 수 있습니다. 인공지능 편견이 일어나는 원인이나 방식은 크게 두 가지였지요. 하나는 입력 데이터에 깃들어 있는 사회적 편견이고 다른 하나는 알고리즘에 반영된 편견 내지 불공정성입니다.

인공지능 편향성을 어떻게 교정할 수 있을까요? 데이터의 편향성 문제를 먼저 살펴볼까요? 기계학습에 필요한 데이터들이 모여 빅데이터를 이루면 기계는 이를 입력 자료 삼아 학습하고 문제를 해결하고 답을 출력합니다. 그리고 주어진 과제에 최적화된 의사결정을 하겠지요. 그런데 빅데이터 자체가 기존 사회의 편견에 오염되어 있다면 이를 기반으로 학습한 인공지능의 해결책이나 결과물도 편향성과 불공정성의 문제를 일으킬 것입니다. 인공지능 편향성을 교정하기 위해서는 바로 인공지능의 사고와 학습의 토대가 되는 빅데이터가 사회문화적 편견에 오염되는 것을 최대한 방지하거나 오염된 자료는 정제하는 과정이 필요하겠지요. 편향적 자료가 아닌지 검토하고 왜곡된 자료를 교정하는 것은 기본이며 프로그래머가 편견과 차별적 요인을 미리 걸러내는 것도 중요합니다. 자료 수집 단계에서부터 데이터 풀의 편향, 데이터 해석의 편향, 데이터 분석에서 인공지능 설계자의 편향을 점검해야 합니다.

인종과 성 편향적 인공지능으로 물의를 일으켰던 구글의 경우 빅데이터 분석 결과에서 발견되는 성, 인종, 소수자, 문화 등에 대한 차별을 없애기 위해 전문가를 영입하여 전담 부서를 운영하고 있습니다. 그럼에도 흑인 커플을 고릴라로 인식한 인공지능 편향성을 교정하기 위해 단지 인덱스에서 '고릴라'를 삭제한다거나 성역할의 편견을 교정하기 위해 주어의 성별이 없는 언어를 번역할 때 두 가지 성을 모두 병기하는 방식으로 번역하는 것은 피상적인 미봉책에 불과해 보입니다. 이런 방식은 근원적인 편향성의 교정이라고 보기 어렵지요. 보다 구조적으로, 입력 데이터가 편향되지 않도록 원인을 찾는 동시에 지속적인 검토와 개선이 요구됩니다.

인공지능, 마음을 묻다

빅데이터의 편향성만이 아니라 알고리즘의 편향성이나 불공정성을 검토하는 것은 더욱 중요한 사안인 동시에 까다로운 작업이기도 합니다. 인공지능 알고리즘 설계의 매 단계마다 인간의 편견이나 편향된 인공지능의 사고가 개입될 수 있습니다. 인공지능 알고리즘이 지향하는 가치에 따라 또 알고리즘의 목표를 어떻게 설정하느냐에 따라 프로그래머의 편견이 의도적으로 혹은 무의식적으로 반영되기도 합니다.

때때로 우리는 인공지능 학습으로 도달한 결과나 일처리가 공정하지 못하거나 잘못되었다는 것을 감지하지만 그 결과에 도달하는 중간 과정에서 알고리즘의 무엇이 문제인지 모를 수 있습니다. 그것을 알기 위해서는 알고리즘의 계산 과정 및 절차와 방법 등이 투명하게 밝혀져야 합니다. 그리하여 인공지능의 편향성과 불공정한 결과를 바로잡기 위해서는 알고리즘의 어떤 과정에서 어떤 요인에 문제가 있었는지 확인하고 교정하는 것이 필요합니다. 바로 알고리즘을 역으로 풀어헤쳐 그것이 어떻게 구성되었는지, 그 처리 과정을 밝히는 작업입니다(이를 '리버스 알고리즘'이라 합니다). 이를 통해 우리는 인공지능이 어떻게 지적 과제를 수행했는지, 어떻게 그런 의사결정을 했는지 설명할 수 있고 이해할 수 있습니다. 인공지능 알고리즘의 계산 과정과 작동 방식을 이해할 수 있도록 설명하는 것입니다. 소위 '설명 가능한 인공지능'이 되는 것이죠. 인공지능 편향성을 교정하기 위해서는 이처럼 인공지능이 작동하는 알고리즘의 과정을 밝혀 불공정한 문제의 요인을 제거하거나 개선해야 하겠지요.

이런 노력을 해나가더라도 알고리즘의 불공정성을 밝히고 교정하는 데는 두 가지 어려움이 있습니다. 하나는 알고리즘 공개의 거부이고 다른 하나는 '설명 불가능한 인공지능'입니다. 이런 장애가 발생하는 이유는 무엇이며 이 문제를 어떻게 극복해야 할까요?

첫 번째 어려움은 기업의 지적재산권을 근거로 알고리즘 공개를 반대하는 것이 대표적입니다. 앞서 제시했던 포털 뉴스의 사례를 다시 살펴볼까요. 뉴스를 배치 관리하는 인공지능의 공정성에 의문을 품고 알고리즘의 작동 방식을 밝힐 것을 요구하는 목소리가 커지고 있습니다. 이런 요구에 대해 대부분의 기업들은 지적재산권이나 사업상의 비밀을 이유로 거부해왔습니다. 그렇다고 공정성에 대한 책임이 사라지는 것은 아닙니다. 시민들의 삶이나 사회에 중대한 영향을 미치는 영역의 인공지능 의사결정에 관해 기업과 설계자는 설명해야 할 책임이 있습니다. 기업의 사업권 못지않게 기업의 윤리도 중요하기 때문이죠. 따라서 이 경우 인공지능의 불공정성에 어떻게 대비할 것인지, 기업의 자율권과 공정성 책임을 어떻게 균형 있게 조정할 것인지에 대해 사회적 합의와 법적 제도를 마련하는 것이 필요해 보입니다. 알고리즘의 불공정성을 해결하려는 기업의 자발적인 노력과 함께 인공지능의 공정성을 담보해줄 제3의 감독기관을 두는 방안도 논의해야 할 것입니다.

두 번째 어려움은 알고리즘 자체가 투명하게 분석될 수 없고 그 결과 설명 불가능한 인공지능이 되는 경우입니다. 기계의 자율적 학습을 허용하는 딥러닝의 경우 두뇌 신경망처럼 은닉층이 많아지고 복잡해질수록 우리는 인공지능의 작동 원리를 이해하지 못할 수 있습니다. 인공지능 스스로 만들어낸 알고리즘이 너무 복잡하여 사람이 다 분석할 수 없을 정도가 되면 인공지능 알고리즘의 처리 과정이 불투명해지고 설명 불가능한 인공지능이 되는 것입니다.

인공지능 딥러닝의 학습 능력과 효율성이 높을수록 그만큼 알고리즘은 복잡해지고 그것을 분석하고 설명할 수 있는 가능성은 줄어듭니다. 즉 인공지능의 문제 해결 능력과 설명 가능성은 반비례하는 경향이 있습니다. 인간이 제공한 지식의 범위를 넘어서서 인공지능 스스로 학습하는 경우 데이터와 알고리즘을 지속적으로 생산 제작함으로써 막강한 효율성을 갖게 되지만 설명 가능성과 투명성을 유지하기는 점점 어려워진다는 것이지요. 일종의 딜레마입니다. 아마도 인공지능 기술의 방향이 기계학습의 효율성을 지향할수록 설명 가능한 인공지능을 유지하는 동력이 점차 약화될 것입니다.

그러나 설명 불가능한 인공지능이 되면 우리는 불공정한 일을 당해도 왜, 어떻게 그런 일이 일어났는지 모르거나 인공지능의 의사결정이 불공정하다는 것을 인지하더라도 알고리즘에 내재된 불공정한 원리를 밝히지 못할 수 있습니다. 그리하여 점차 불공정한 알고리즘의 문제를 해결하기가 어려운 상황에 처할 수 있습니다. 설명 가능한 인공지능을 쉽게 포기해선 안 되는 이유가 여기에 있지요. 인공지능 기술의 방향과 공정성 문제를 고려한 정책 마련이 시급한 이유이기도 합니다.

교육과 사회화

인공지능 편향성의 우려가 여전하고 인공지능 알고리즘의 공정성을 믿을 수 없다면 공정한 인공지능을 만들려는 노력 이외에도 불공정한 결과가 나왔을 때는 알고리즘의 오류나 불공정성을 밝히고 교정할 수 있도록 인공지능 알고리즘의 설명 책임을 요구하는 것이 마땅합니다. 설명 가능하고 투명한 알고리즘을 확보하는 것이 책임성과 공정성 및 통제 가능성의 토대가 되기에 설명 가능한 인공지능을 확보하기 위한 기술적 방안을 찾는 노력이 주목받고 있습니다. 사후에라도 알고리즘을 분석

인공지능, 마음을 묻다

하여 어떤 근거로 그런 결론이 도출되었는지 파악할 수 있어야 오류를 수정할 수 있고 인공지능 시스템이 신뢰를 얻을 수 있기 때문이지요.

이런 노력은 계속되어야 하겠지만 인공지능 학습 기술이 발전하고 진화할수록 설명 가능성이 감소하고 어느 순간 설명이 불가능해질 수 있습니다. 모든 면에서 인간에 버금가는 지능을 발휘하는 강한 인공지능이나 인간의 지능을 뛰어넘는 인공지능이 출현할 가능성도 배제하지 못합니다. 이 경우 사람이 이해할 수 없는 '설명 불가능한 인공지능'이 출현할 것이며 그 결과 인간의 통제를 벗어나는 인공지능이 등장하겠지요. 인공지능이 비약적으로 진화하는 순간이 오기 전에 우리는 설명 불가능한 인공지능의 출현에 대비해두어야 합니다. 이런 상황에서 고려해볼 수 있는 하나의 대안은 인공지능이 알고리즘을 스스로 만들 수 있듯이, 인공지능 편견을 스스로 교정하고 개선하도록 교육하는 방법입니다.

인공지능 교육은 인공지능 스스로 빅데이터를 분석하여 외부의 편견을 필터링하게 하는 것부터, 인공지능이 스스로 학습하듯이 편향성을 스스로 개선하는 방법을 고려하는 것까지 생각해볼 수 있습니다. 인공지능의 설명 가능성이 축소되고 사람이 알고리즘 전반을 검토하는 데 한계가 있다면 인공지능 문제를 인공지능으로 해결하는 방안을 시도하는 것입니다. 예를 들어, 다양한 가치관을 교육받고 학습한 인공지능들의 위원회를 구성하여 사람처럼 대화를 통해 자신의 의견을 조율하고 수정하며 편향성을 개선해나가는 방법을 생각할 수 있겠지요. 이는 사람들이 다른 생각과 가치관을 가진 타인들과 토론을 통해 자기 생각을 수정해나가는 방식과 유사합니다. 인공지능들의 상호작용과 마찬가지로 인공지능과 인간의 상호작용을 통해서도 교육이 가능할 것입니다(예컨대, 챗봇 '테이'나 '이루다'처럼 인간과 상호작용하며 성장하는 인공지능의 경우 인간 사용자로부터 편견을 학습할 수 있다면 인간과 상호작용을 통해 편견을 개선하는 교육도 가능할 것입니다).

인공지능이 스스로 편향성을 교정하도록 교육하는 것과 더불어 인간과 상호작용하는 사회화 과정을 거치는 것도 고려해볼 수 있습니다. 인공지능 로봇의 사회화는 인간처럼 사회와 공동체를 형성하게 하는 것입니다. 이는 인간처럼 복합지능을 가진 범용인공지능(혹은 일반인공지능Artificial General Intelligence, AGI)의 출현을 상정한 것입니다. 범용지능은 바둑과 체스, 의료와 법률 등 특화된 영역의 지능만이 아니라 모든 영역에 걸쳐 일반적인 지능을 가진 인공지능을 말합니다. 인간처럼 교육받은 존재로 사회에서 인간과 더불어 살아가는 휴머노이드 인공지능 로봇, 모든 면에서 인간에 버금가는 지능을 발휘할 수 있는 일반지능을 가진 인공지능 로봇을 그려보는 것이지요. 이는 인공지능을 단순한

인공지능, 마음을 묻다

도구나 통제의 대상으로 간주하는 것이 아니라 공동체 안에서 인간을 닮은 인공지능과 인간이 공존하는 사회에 대한 모델이기도 합니다.

이 모델은 인공지능이 인간의 가치와 윤리를 배우고 인간과 인공지능 로봇의 공동체를 이루어 상호 공존하는 삶을 진화의 양식으로 받아들이는 낙관적인 시나리오입니다. 하지만 여기에는 낙관적이지만은 않은 문제들이 잠재되어 있습니다. 인공지능 기술의 미래를 모두 예측하기는 어렵기에 인공지능이 어디까지 진화할 수 있을지는 알 수 없는 미지의 영역입니다. 인공지능이 결국에는 범용인공지능이나 초지능으로 진화하게 될 것인지는 논쟁 중에 있습니다. 인간의 지능을 넘어서는 초지능이 출현한다면 우리는 인공지능과 어떻게 관계를 맺게 될지 알지 못하며 상호 공존의 방식을 낙관하기도 아직 이릅니다.

그런 상황이 오기 전에 우리는 인공지능과 공존이 가능할지, 어떤 관계를 맺는 것이 바람직할지, 인공지능 기술을 어떤 방식으로 사용해야 할지에 대해 숙고해야 합니다. 여기서 '우리는 인공지능을 믿을 수 있는가?' 하는 근본적이고 중요한 물음에 직면하게 됩니다. 인공지능의 신뢰 문제입니다. 이는 계속하여 인공지능에게 독자적인 자율성을 부여해도 좋은지의 문제이기도 합니다. 궁극적으로 인공지능 신뢰 문제는 진화하는 인공지능과 인간이 어떻게 공존할 수 있는지, 그 한계는 무엇인지, 이에 따라 인공지능 기술의 정책 결정에서 중요한 고려 사항이 무엇인지 하는 물음을 성찰할 것을 요청합니다.

인공지능을 믿을 수 있을까

지금까지 우리는 인공지능이 어떤 방식으로 사고하고 어떻게 인간의 다양한 지적 작업을 실행해내는지 사고와 직관, 주관적 관점, 감정과 공감, 개성, 예술과 문화, 사랑, 젠더와 편향성, 자율적 학습 등을 통해 탐색해보았습니다. 이에 따르면 인간의 지성에서 기능화할 수 있는 부분은 인공지능 알고리즘이 점차 구현해나갈 것으로 예상됩니다. 그런데 인공지능 기계가 심층적이고 자율적인 학습에 의해 스스로 알고리즘을 짤 수 있다면 인공지능 기술이 발달할수록 우리는 복잡한 인공 신경망에서 이루어지는 딥러닝의 작동 원리를 다 이해할 수 없게 되고 결국에는 인공지능 알고리즘을 설명하고 이해하는 것이 불가능해질 수 있습니다. 설명 불가능한 인공지능이 되면 편향성과 공정성의 문제를 비롯하여 일상에서 이루어지는 사소한 판단에서

부터 인간의 미래가 달린 중대사에 이르기까지 우리는 이유나 근거도 모르면서 인공지능의 의사결정에 따라 살아가게 될 수도 있습니다.

그러면 우리는 인공지능을 믿을 수 있을까요? 이것이 '인공지능이 공정하다는 걸 믿을 수 있는가?'라는 물음이라면 인공지능은 편견을 학습할 수 있기 때문에 알고리즘의 공정성을 있는 그대로 믿기는 어렵다는 점을 확인했습니다. 그래서 인공지능 알고리즘의 의사결정이 공정한지 검토하기 위해서는 역으로 알고리즘을 분석하여 설명할 책임을 요구해야 합니다. 그런데 인공지능 신뢰 문제는 인공지능 편향성이나 공정성에 국한된 것만은 아닙니다. 인공지능이 스스로 학습하고 진화해나가면서 여러 영역에서 점차 인간의 일을 대체해나갈 것이 예견됩니다. 인간의 명령을 이행하는 일만이 아니라 기계가 자율적으로 의사결정을 하게 될 수도 있습니다. 그때 우리는 인공지능을 신뢰할 수 있을까요? 인공지능을 믿어도 될까요?

신뢰

인공지능 신뢰 문제를 진지하게 고려해야 하는 이유는 무엇일까요? 우리에게 널리 알려진 인공지능 바둑기사 알파고를 통

인공지능, 마음을 묻다

해 설명해볼까요? 2016년 알파고 리는 딥러닝으로 5주 만에 16만여 개의 바둑 기보를 익힌 후 이세돌 9단에게 4 대 1로 승리했습니다. 그로부터 1년 반 후인 2017년 10월 알파고 제로는 기보는 물론 바둑에 관해 인간이 쌓은 지식을 완전히 배제하고, 오직 바둑의 기본 규칙만을 인지한 채 독학으로 3일 만에 알파고 리의 실력을 따라잡았고 얼마 후 실제 대국에서 알파고 리에 백전백승을 거두었습니다. 알파고 제로는 자기 학습 3일이 지나자 이미 인간의 수준을 넘어서는 독창적 기법을 개발했다고 합니다. 이제 바둑에서 알파고 제로를 이길 수 있는 인간은 더 이상 없습니다.

알파고 제로의 기계학습을 보면 인간이 입력 자료나 알고리즘을 제공하지 않더라도 인공지능 스스로 데이터와 알고리즘을 생성하며 학습할 수 있음을 알 수 있습니다. 즉 바둑 게임의 규칙만 알려주면 인간에게 의존하지 않고도 혼자 시행착오를 거쳐 스스로 알고리즘을 생성하고 수정 개선하면서 인간을 넘어서는 월등한 능력에 도달할 수 있다는 것이지요. 실제로 알파고 제로는 혼자서 40일 동안 490만 번의 대국을 두면서 이길 수 있는 방법과 원리를 터득했습니다. 이길 확률이 높은 수를 끊임없이 찾고 약점은 보완하고 좋은 수에 대한 학습 정보들은 저장하여 승률을 높이는 것이죠. 이런 방식으로 스스로 학습하는 인공지능은 목표가 설정되면 그것을 실현할 최적의 효율적인 수단을 찾는 알고리즘을 만들어낼 수 있습니다. 또한 학습한 자료들을 지속적으로 저장하고 축적하여 필요하면 언제든 꺼내 쓸 수 있지요. 한번 저장된 학습 정보는 사람처럼 잊어버릴 일도 없습니다.

이 사례는 인공지능의 학습에 사람의 지식이나 역할이 필요하지 않다는 사실을 보여줍니다. 어쩌면 인간과 인공지능의 협업이 모든 분야에서 최대의 성과를 낳을 것이라는 기대도 사라진 것이지요. 더 중요한 것은 최종 목표만 부여하면 사람이 일일이 지시하고 명령하지 않아도 인공지능 스스로 자율적 대리인이 되어 목표를 수행할 수 있다는 것입니다. 또한 인간이 데이터를 입력할 필요 없이 스스로 입력 데이터를 생성하는 인공지능, 인간 지식의 한계에 구애받지 않고 독자적으로 지식을 창출하는 인공지능, 나아가 모든 방면에서 독자적이고 자율적으로 지적 과제를 수행하는 인공지능도 가능해질 것입니다.

그런데 알파고 제로처럼 바둑이라는 특수 영역의 지능만이 아니라 인간 지능이 미치는 모든 영역에서 지적 과제를 모방하거나 구현하는 인공지능, 즉 일반인공지능(혹은 범용인공지능)이 등장한다면 어떻게 될까요? 소위 '일반인공지능 알파고'가 등장하여 바둑만이 아니라 인간이 수행하는 대부분의 일들에서 지능을 발휘하며 지적인 과제를 모두 잘 해낼 수 있다면 어떻게 될까요? 일반인공지능은 일반 분야의 지식을 토대로 모

인공지능, 마음을 묻다

든 것을 종합하여 인간에 대한 판단을 하려고 할지도 모릅니다. 일반인공지능에게 인간사 제반 영역의 의사결정을 맡겨도 괜찮을까요?

이는 인공지능 공정성의 문제만이 아니라 윤리와 가치의 문제를 포함하여 인간사에서 무엇이 가장 중요한지 우선순위를 매기는 일에 이르기까지 인공지능에게 위임하게 되지 않을까 하는 추측과 우려를 낳습니다. 진정 우리는 인류의 미래와 중대사를 맡길 만큼 인공지능을 믿을 수 있을까요?

가치의 충돌

인공지능 기술이 이런 방향으로 진화할 경우 인공지능 신뢰에 대한 더욱 심각한 물음들이 제기됩니다. 이 문제에 관해 우리는 적어도 다음과 같은 물음들에 직면하게 됩니다. 첫째, 우리는 인공지능 알고리즘이 공정하다는 걸 믿을 수 있는가? 이 문제는 인공지능 편향성과 공정성에 관한 것으로, 이미 7장에서 다루었지요.

둘째, 인공지능이 인간의 가치와 충돌하지 않는다고 믿을 수 있는가? 이는 인공지능이 일하는 방식과 인간의 방식이 충돌하거나 인공지능의 가치와 인간의 가치가 충돌할 수 있기 때문에 발생하는 문제입니다. 그런 상황이 발생하는 까닭은 무엇일까요? 인공지능이 스스로 알고리즘을 짜며 학습하는 것은 인간이 제공한 목표를 달성하기 위해 효율적인 수단을 찾는 과정입니다. 자기 학습을 하는 인공지능은 주어진 목표를 수행하기 위해 자율적으로 수단을 찾습니다. 사람은 목표만 제시하고 인공지능은 목표에 도달할 수단을 결정할 자율성을 부여받는 셈이지요. 여기서 인공지능이 선택한 수단이 인간적 가치와 충돌한다면? 만일 인간과 인공지능 사이에 가치가 충돌한다면 어떻게 될까요?

인공지능이 목표 달성을 위한 수단을 찾는 기준은 최적의 효율성입니다. 최적화와 효율성이야말로 인공지능이 추구하는 가치인 셈이지요. 반면에 사람은 목표 달성을 위해 효율적이기만 하면 어떤 수단이든 좋다고 생각하진 않습니다. 수단이 인권을 해치거나 인간의 가치와 충돌하지 않는 범위에서 허용되기를 바라고 적어도 인간의 선한 가치를 훼손하지 말아야 한다는 사회공동체의 요구가 있습니다. 그리하여 인간과 인공지능은 목적이 같더라도 목표에 도달하기 위해 수단을 선택하는 과정에서 가치가 충돌할 수 있습니다. 인공지능은 최적의 효율성을 최선으로 간주하는 반면에 인간은 다른 가치를 지키기 위해 효율성을 포기해야 하는 상황이 발생하겠지요. 어쩌면 둘 사이의 충돌은 불가피할지 모릅니다. 그 결과 인공지능의 어떤 결정은

인공지능, 마음을 묻다

인권을 침해하거나 윤리적으로 문제를 일으킬 수 있습니다.

인공지능이 선택하는 수단 자체가 인간의 가치와 상충한다면 그걸 제지할 수 있을까요? 목표를 수행하기 위한 기계의 방식이나 가치가 인간의 방식이나 가치와 다르다는 것, 어쩌면 이것이야말로 인공지능과 인간의 공존을 어렵게 만들 수 있습니다. 인공지능이 범용지능과 초지능으로 진화할 경우 인공지능의 악의적 의도가 아닌 인간과 기계가 지향하는 가치나 사고방식의 차이가 충돌을 일으키고 인간을 위험에 빠뜨릴 수 있다는 것이지요. 수단을 숙고한 결과 서로 다른 결론에 도달한다면, 그때 기계는 인간이 원하는 것과 다른 행동을 하게 되겠지요. 이는 기계가 인간의 명령을 거부하는 결과로 나타날 것이며 인간은 달리 행동하려는 기계를 통제하지 못할 수도 있습니다.

그렇다면 인공지능 기계의 효율성이 인간의 가치와 충돌하는 문제를 해결하기 위해 인공지능에게 인간과 공존할 수 있도록 윤리를 가르칠 수 있을까요? 또는 인공지능에게 인간적 가치나 윤리를 가르친다면 이런 충돌을 예방할 수 있을까요? 이 문제는 인공지능 윤리와 관련된 세 번째 형태의 신뢰 문제가 됩니다.

윤리

셋째, 인공지능에게 인간의 가치나 윤리를 가르칠 수 있을까요? 인간의 윤리를 학습한 인공지능은 믿어도 될까요?

인공지능 윤리의 주제들은 다양하지만 인공지능 로봇의 윤리를 다룰 때 일반적으로 많이 언급되는 원칙은 아이작 아시모프가 구상한 로봇 3원칙입니다. 이 원칙은 그의 여러 작품에 반복하여 등장하는데, 인간과 로봇이 함께 살아갈 경우 로봇이 지켜야 할 기본 원칙으로 제시된 것입니다. 첫째, 로봇은 인간을 해쳐선 안 된다. 둘째, 로봇은 인간의 명령을 따라야 한다. 셋째, 로봇은 자기 스스로도 지켜야 한다. 이 세 원칙에 차례로 우선순위를 부여함으로써 3원칙은 인간을 지키는 것이 우선이고 그다음에 로봇 자신도 지키라는 것으로 되어 있습니다. 이 원칙에는 인간의 생명, 안전, 복리 등의 가치를 지키려는 인간의 의도가 들어 있습니다.

그러면 로봇 3원칙을 따르는 인공지능이라면 믿어도 될까요? 얼핏 생각하면 이 원리를 잘 따르도록 만들어진 인공지능 로봇은 인간의 가치와 상충하지 않는 범위에서 판단하고 일을 하리라고 기대할 수 있을 듯합니다. 하지만 이 3원칙을 로봇에 내장했다 하더라도 그리고 인공지능으로 하여금 이 윤리를 내재화하도록 가르쳤다 하더라도 이 원리는 인간이 의도한 대로

인공지능, 마음을 묻다

작동하지 않을 수 있습니다. 이 문제를 아시모프는 1950년에 출간하고 영화로도 만들어졌던 《아이, 로봇》에서 고민한 흔적이 보입니다. 여기 등장하는 로봇들은 모두 3원칙을 따르도록 만들어졌지만 오히려 인간의 의도와는 다르게 인간을 통제하는 방식으로 3원칙을 사용하지요. 그것의 기본 논리는 대략 이렇습니다. "로봇은 인간보다 뛰어나다. 인간은 스스로를 해칠 수도 있고 자신을 지킬 수 없다. 그러니 진정 인간을 지키려면 로봇이 인간의 행동을 규제할 필요가 있다. 따라서 로봇은 인간을 보호하기 위해서 통제해야 한다." 이렇게 인공지능 로봇은 3원칙을 논리적으로 적용한 결과 인간을 지키기 위해 인간을 통제하게 됩니다. 인공지능이 우리를 속이거나 악의를 품지 않더라도, 3원칙을 따르면서도 인간을 위협할 수 있다는 점에서 로봇 3원칙은 분명 한계가 있습니다.

　이 사례는 인공지능에게 윤리를 가르친다고 할지라도 인공지능이 윤리를 적용하는 방식은 인간의 가치와 충돌할 수 있다는 점을 보여줍니다. 최적화의 방법을 추구하는 인공지능은 인간에게 부여받은 목표를 수행하기 위해 인간 자체를 멸종시키는 것도 논리적으로 가능합니다(예컨대, 지구의 환경오염을 막기 위한 가장 효과적인 방법은 인류를 제거하는 것이라고 판단할 수도 있다는 것이지요). 그리하여 인공지능에게 적용되는 윤리와 원칙은 인간이 의도한 방식으로 사용되지 않을 확률이 높습니다. 기계가 추구하는 것과 인간이 추구하는 가치 사이에는 커다란 간극이 있기 때문이지요. 그런 점에서 인간에게 봉사하고 인간이 지향하는 가치를 따르도록 인공지능을 인간 친화적으로 교육하거나 윤리를 가르치는 방법도 인공지능 신뢰 문제를 해결하기에는 한계가 있습니다.

공존

인공지능이 인간의 목적에 이용되는 도구나 인간을 대행하는 대리인이 아니라 스스로 목표를 설정하고 행동하는 자율적 주체가 될 때 그런 인공지능 로봇은 사람과 어떤 관계를 맺게 될까요? 독립적 주체로서 수단만이 아니라 목표를 설정하는 자율적 인공지능이 출현한다면, 즉 인공지능이 진정 자율적 주체가 된다면 우리는 인공지능과 공존할 수 있을까요? 이런 물음은, 지금까지 사람이 목표를 제공하고 인공지능은 목표에 도달하는 수단만을 찾아서 실행하는 대리인이었다면 이후에 목표와 수단을 스스로 정하는 진정한 자율성을 가진 주체로서 인공지능의 출현을 가정한 것입니다.

물론 이런 가정을 부정하는 학자들도 있습니다. 인공지능은 인간의 명령에 따라 움직이는 도구일 뿐, 주체가 될 수 없다는 것이지요. 현 단계의 인공지능은 인간이 제시한 목표를 이행하는 충실한 대리인 역할에 머무르는 것으로 보입니다. 그러나 자기 학습을 하는 인공지능은 언제까지나 인간의 명령을 따르는 도구적이고 수단적 존재로만 머무르진 않을 것입니다. 수단만이 아니라 스스로 목표를 설정하는 인공지능에 대한 상상의 근거는 어디에 있을까요?

나는 인공지능 자기 학습에서 그 단초를 봅니다. 딥러닝을 하는 인공지능은 두뇌 신경망처럼 복잡한 복수의 은닉층에서 스스로 입력 자료를 생성하고 알고리즘을 짜는 과정을 지속하는 심화된 학습을 합니다. 그런데 인공지능 알고리즘이 스스로 다시 알고리즘을 짠다는 것은 인공지능이 잠정적인 중간 목표를 설정한다는 의미입니다. 인공지능이 중간 목표를 설정할 수 있다면 어느 순간 인공지능은 (인간이 하듯) 최종 목표를 사고하게 될지도 모릅니다. 여기에 비약이 있어 보이지만 스스로 알고리즘을 생성하고 수정 개선하며 평가할 수 있는 인공지능이라면 자신의 사고를 다시 평가하는 메타 사고와 반성적 사고를 한다고 볼 수 있습니다. 그렇다면 주어진 목표에 대해서도 사고할 수 있겠지요. 마찬가지로 목표에 대해서 의문을 가질 수도 있겠죠. 그런 사고를 할 수 있는 인공지능으로 진화한다면 인공지능은 단순히 인간의 대리인이 아니라 스스로 목표를 설정하고 수행하는 행위 주체가 될 수 있다는 것을 의미합니다. 수단만을 사고하는 것이 아니라 목적을 사고하는 주체가 되는 것이지요.

특히 범용지능처럼 영역에 상관없이 복합적인 지적 과제를 수행하는 기계는 인간적 주체의 양상을 가질 것으로 보입니다. 인간처럼 모든 영역에서 지적인 사고를 하고 그에 따라 지향적 사고를 할 수 있는 인공지능이라면 세상을 바라보는 관점을 가질 수도 있을 것입니다(2장 참고). 지금은 인간에 의해 주어진 목표를 이루기 위해 수단을 찾아서 일하지만 미래의 더욱 진화된 인공지능은 목표조차도 스스로 정하는 진정한 주체가 될지도 모릅니다.

이처럼 인공지능이 스스로 목표를 정할 수 있는 단계가 되면 단순한 수단이 아니라 목적을 선택하는 주체, 진정 자율적 주체가 될 것입니다. 이 경우 우리는 동등한 주체로서 인공지능과 공존할 수 있을까요? 인공지능을 신뢰할 수 있을까요? 인공지능의 선택이 인류의 존립을 위협하는 일은 없을까요? '만일 인간이 주체가 된 인공지능과 공존할 수 없다면 결국 자율적 주체의 지위를 갖는 인공지능을 만들어도 좋은가?' 하는 문제가 남습니다. 그리하여 인공지능 신뢰 문제는 '우리는 자율적 주체의 지위를 갖는 인공지능을 믿을 수 있는가?' 하는 문제로 귀결됩니다.

이 물음에 대한 답변이 부정적이라면 어떤 대비책이 필요할까요? 혹은 인공지능에 의해 인간이 위험에 처할 경우 무엇을 할 수 있을까요? 두 가지 정도의 대응 방식을 떠올릴 수 있습니

인공지능, 마음을 묻다

다. 하나는 사람들이 생각해왔던 '킬 스위치'의 가동입니다. 어떤 이들은 인공지능이 위험하다면 그 작동을 멈추게 하는 방안으로 킬 스위치를 제시합니다. 컴퓨터에 문제가 발생하면 전원을 끄거나 초기화하는 것으로 문제를 해결하듯이 인공지능의 스위치를 끄면 된다는 발상이지요. 그런데 문제는 인공지능이 진화함에 따라 과연 '킬 스위치를 작동할 수 있을까?' 하는 것입니다. 혹은 인공지능 로봇에 킬 스위치를 내장할 수 있을까요? 그리고 인간이 필요할 때 그것을 통제하고 작동시킬 수 있을까요?

자율적 주체로 진화한 인공지능이라면 자기 개념과 더불어 자기 보존 욕구를 가질 수 있습니다. 혹은 인공지능이 목표 수행을 위해 자기 보존이 필요하다고 판단한다면 자기의 생존을 위협하는 요소들을 모두 제거하려고 할 것입니다. 그 경우 킬 스위치 작동에 저항하여 인공지능 스스로 킬 스위치를 해체하거나 제거할 수도 있겠지요. 앞으로 등장할 인공지능은 실제로 '끄는 것'이 가능할지 장담할 수 없습니다. 인간의 지능을 능가하는 지능이 출현하면 킬 스위치는 더 이상 작동하기 어렵다는 것이지요. 인공지능이 진화할수록 이런 방식의 대응은 점차 가망이 없어질 것입니다.

다른 하나는 인간의 지능을 초과하는 초지능의 출현을 막는 것입니다. 초지능으로의 진화가 인류에게 재앙이 될 것이라는 경고도 들립니다. 대표적으로 영국의 물리학자 스티븐 호킹은 인공지능이 인류의 미래에 위협이 될 수 있으며 인류를 멸종시킬 수도 있다고 지속적으로 경고했습니다. 인공지능을 통제할 수 있는 기술과 정책이 시급하다고 보았지요.

무엇보다 스스로 진화하는 인공지능의 위험을 제대로 인지하는 것이 중요합니다. 인공지능의 자기 학습능력을 상기해보면 인공지능 로봇이 스스로를 개선하거나 업그레이드함으로써 자기 진화하는 것을 제어할 필요가 있습니다. 특히 인공지능에게 자율성을 증가시키거나 위임하는 방식으로 기술을 사용하는 것에 신중을 기해야 할 것입니다. 구체적으로 기술의 개발과 정책결정에서 인공지능 로봇이 인간의 통제를 벗어나지 않도록 자기 진화의 가능성을 억제하는 것이 필요할 것입니다. 기계학습의 속도와 역량을 고려할 때 인공지능 로봇의 진화는 인간보다 기계 자신에 의해 가속화될 확률이 크기 때문입니다.

인공지능의 자기 진화가 시작된다면 인간은 인공지능 알고리즘을 이해할 수 없게 되며 인간의 가치와 충돌하거나 인류를 위협하는 상황에서도 인공지능을 통제할 수 없을 것입니다. 진화하는 인공지능과 인간의 공존 가능성을 지지하는 학자들도 있으나 인간이 이해할 수 없는 초지능과 협의하거나 협력하며 상호 공존할 방법을 찾기란 더욱 어려울 것입니다. 결국 초지능이 출현하면 인간은 기계에 종속될 가능성이 높습니다. 그 결과

인공지능, 마음을 묻다

인간보다 뛰어난 인공지능에게 인류의 미래를 맡겨야 하는 상황에 이르게 되겠지요. 이런 상황이 예견된다면 인간이 인공지능 기술을 사용하는 동안 인공지능이 주는 편리함과 효용의 혜택만을 부각시킬 것이 아니라 그것이 초래할 수 있는 사태에 대해서도 신중하게 고려하고 대비할 수 있어야 할 것입니다.

인공지능, 마음을 묻다

© 김선희, 2021

초판 1쇄 발행 2021년 8월 26일
초판 4쇄 발행 2024년 6월 14일

지은이 김선희
펴낸이 이상훈
인문사회팀 최진우 김지하
마케팅 김한성 조재성 박신영 김효진 김애린 오민정

펴낸곳 ㈜한겨레엔 www.hanibook.co.kr
등록 2006년 1월 4일 제313-2006-00003호
주소 서울시 마포구 창전로 70 (신수동) 화수목빌딩 5층
전화 02) 6383-1602~3 **팩스** 02) 6383-1610
대표메일 book@hanien.co.kr

ISBN 979-11-6040-643-6 03100